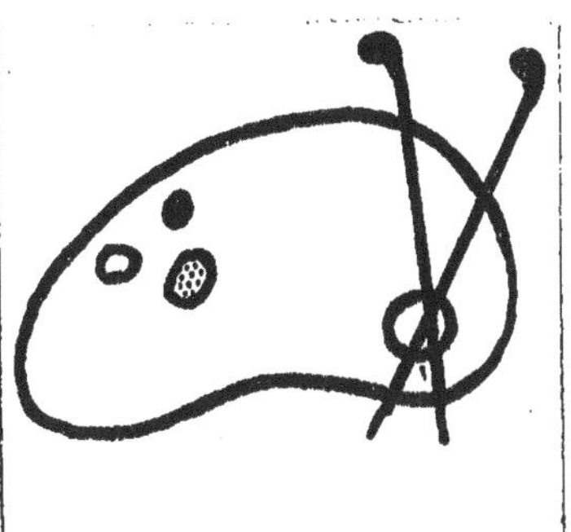

Début d'une série de documents
en couleur

BIBLIOTHÈQUE COSMOPOLITE. — N° 53

ARTHUR CONAN DOYLE

La Bataille de Sedgemoor

TRADUCTION D'ALBERT SAVINE

PARIS. — Ier
P.-V. STOCK, ÉDITEUR
(Ancienne Librairie TRESSE & STOCK)
155, RUE SAINT-HONORÉ, 155

1911

BIBLIOTHÈQUE COSMOPOLITE

OUVRAGES PARUS

I. — **Au delà des forces**, par Bjornstjerne Bjornson, première et deuxième parties. Traduction de MM. Auguste Monnier et Littmanson. Un volume in-18. Prix 3 50

II. — **Le Roi**, drame en quatre actes ; **Le Journaliste**, drame en quatre actes, par Bjornstjerne Bjornson. Traduction de M. Auguste Monnier. Un volume in-18. Prix. 3 50

III. — **Les Prétendants à la Couronne**, drame en cinq actes ; **Les Guerriers à Helgeland**, drame en quatre actes, par Henrik Ibsen. Traduction de M. Jacques Trigant-Geneste. Nouvelle édition. Un volume in-18. Prix 3 50

IV. — **Les Soutiens de la Société**, pièce en quatre actes ; **L'Union des Jeunes**, pièce en cinq actes, par Henrik Ibsen. Traduction de MM. Pierre Bertrand et Edmond de Nevers. Deuxième édition. Un volume in-18. Prix 3 50

V. — **Empereur et Galiléen**, par Henrik Ibsen. Traduction de M. Charles de Casanove. Quatrième édition, revue et corrigée. Un volume in-18. Prix. 3 50

VI. — **Nouveaux Poèmes et Ballades**, de A.-C. Swinburne. Traduction d'Albert Savine. Un volume in-18. Prix 3 50

VII. — **Œuvres en prose**, de P.-B. Shelley, traduites par Albert Savine. Pamphlets politiques. Réfutation du déisme. Fragments de romans. Critique littéraire et critique d'art. Philosophie. Un volume in-18. Prix. 3 50

VIII. — **Souvenirs autobiographiques du Mangeur d'opium**, par Thomas de Quincey. Traduction et préface par Albert Savine. Deuxième édition. Un volume in-18. Prix. 3 50

IX. — **Confessions d'un Mangeur d'opium**, par Thomas de Quincey. Première traduction intégrale par V. Descreux. Nouvelle édition. Un volume in-18. Prix 3 50

X. — **Aurora Leigh**, par Elisabeth Barrett Browning. Traduit de l'anglais. Troisième édition. Un volume in-18. Prix . 3 50

XI. — **Un Gant**, comédie en trois actes ; **Le Nouveau Système**, pièce en cinq actes, par Bjornstjerne Bjornson. Traduit du norvégien par Auguste Monnier. Un vol. in-18. Prix. . 3 50

XII. — **Le Portrait de Dorian Gray**, par Oscar Wilde. Traduit de l'anglais par M. Eugène Tardieu. Cinquième édition. Un volume in-18. Prix. 3 50

XIII. — **Un Héros de notre temps**, récits ; **Le Démon**, poème oriental, par Lermontoff. Traduit du russe par A. de Villamarie. Deuxième édition. Un volume in-18. Prix. . . . 3 50

BIBLIOTHÈQUE COSMOPOLITE (Suite)

XIV. — **Intentions**, par OSCAR WILDE. Traduction, préface et notes de J. Joseph-Renaud. Un volume in-18. . . . . . 3 50

XV. — **La Dame de la mer**, pièce en 5 actes; **Un Ennemi du peuple**, pièce en 5 actes, par HENRIK IBSEN. Traduction de MM. Ad. Chennevière et C. Johansen. Un vol. in-18. . 3 50

XVI. — **Enlevé !** roman de ROBERT-L. STEVENSON. Traduction et préface d'Albert Savine. Un volume in-18. . . . . 3 50

XVII. — **Poèmes et poésies**, par ELISABETH BARRETT BROWNING. Traduction de l'anglais et étude par Albert Savine. Un volume in-18. . . . . 3 50

XVIII. — **Le Crime de lord Arthur Savile**, par OSCAR WILDE. Traduit de l'anglais par Albert Savine. Un vol. in-18. 3 50

XIX. — **Derniers Contes**, par EDGAR POË. Traduits par F. Rabbe. Un volume in-18. . . . . 3 50

XX. — **Le Portrait de Monsieur W. H.**, par OSCAR WILDE. Traduit de l'anglais par Albert Savine. Un volume in-18. 3 50

XXI. — **Poèmes**, d'OSCAR WILDE. Traduction et préface par Albert Savine. Un volume in-18. . . . . 3 50

XXII. — **Simples Contes des Collines**, par RUDYARD KIPLING. Traduits de l'anglais par Albert Savine. Un volume in-18. 3 50

XXIII. — **Le Prêtre et l'Acolyte**, nouvelles, par OSCAR WILDE. Traduction et préface par Albert Savine. Un vol. in-18. 3 50

XXIV. — XXV. — XXVI. — **Œuvres poétiques complètes de Shelley**, traduites par F. Rabbe. Précédées d'une étude historique et critique sur la vie et les œuvres de Shelley. Trois volumes in-18, se vendant séparément chacun 3 50

XXVII. — **Nouveaux Contes des Collines**, par RUDYARD KIPLING. Traduits de l'anglais par Albert Savine. Un volume in-18. 3 50

XXVIII. — **Mystères et Aventures**, par A. CONAN DOYLE. Traduction d'Albert Savine. Un volume in-18 . . . . 3 50

XXIX. — **Trois Troupiers**, par RUDYARD KIPLING. Traduction d'Albert Savine. Un volume in-18. . . . . 3 50

XXX. — **Autres Troupiers**, par RUDYARD KIPLING. Traduction d'Albert Savine. Un volume in-18. . . . . 3 50

XXXI. — **Le Parasite**, par CONAN DOYLE. Traduction d'Albert Savine et Georges Michel. Un volume in-18 . . . . . . 3 50

XXXII. — **Au Blanc et Noir**, par RUDYARD KIPLING. Traduction d'Albert Savine. Un volume in-18. . . . . 3 50

XXXIII. — **Théâtre. I. — Les Drames**, par OSCAR WILDE. Traduction d'Albert Savine. Un volume in-18 . . . . 3 50

XXXIV. — **La Grande Ombre**, roman, par A. CONAN DOYLE. Traduction d'Albert Savine. Un volume in-18 . . . . 3 50

BIBLIOTHÈQUE COSMOPOLITE (Suite).

XXXV. — **Poèmes et Ballades**, de A. C. SWINBURNE. Traduction de M. Gabriel Mourey et notes de Guy de Maupassant. Un volume in-18, nouvelle édition. 3 50

XXXVI. — **Un Début en Médecine**, roman, par A. CONAN DOYLE. Traduction d'Albert Savine. Un volume in-18. . . . . . 3 50

XXXVII. — **Chants d'avant l'Aube**, par A. C. SWINBURNE. Traduction de M. Gabriel Mourey. Un volume in-18. . . . 3 50

XXXVIII. — **Sous les Déodars**, par RUDYARD KIPLING. Traduction d'Albert Savine. Un volume in-18. . . . . 3 50

XXXIX. — **Nouveaux Mystères et Aventures**, par CONAN DOYLE. Traduction d'Albert Savine. Un volume in-18 . . . . . 3 50

XXXX. — **Idylle de Banlieue**, par CONAN DOYLE. Traduction d'Albert Savine. Un volume in-18. . . . . 3 50

XXXXI. — **Théâtre. II. — Les Comédies, I**, par OSCAR WILDE. Traduction d'Albert Savine. Un volume in-18 . . . . . 3 50

XXXXII. — **La Cité de l'épouvantable Nuit**, par RUDYARD KIPLING. Traduction d'Albert Savine. Un volume in-18. . . . . . 3 50

XXXXIII. — **Jim Harrison, boxeur**, par CONAN DOYLE. Traduction d'Albert Savine. Un volume in-18. . . . . 3 50

XXXXIV. — **La merveilleuse Découverte de Raffles Haw**, par CONAN DOYLE. Traduction d'Albert Savine. Un volume in-18 . . 3 50

XXXXV. — **Au hasard de la Vie**, par RUDYARD KIPLING. Traduction d'Albert Savine. Un volume in-18. . . . . 3 50

XXXXVI. — **Vice Versa**, roman, par F. ANSTEY. Traduit de l'anglais par Ch.-Bernard Derosne. Un volume in-18, nouvelle édition 3 50

XXXXVII. — **Lettres de marque**, par RUDYARD KIPLING. Traduction d'Albert Savine. Un volume in-18 . . . . 3 50

XXXXVIII. — **Théâtre. III. — Les Comédies, II**, par OSCAR WILDE. Traduction d'Albert Savine. Un volume in-18 . 3 50

XXXXIX. — **Une maison de Grenades**, par OSCAR WILDE. Traduction d'Albert Savine. Un volume in-18. . . . . 3 50

L. — **Micah Clarke. — Les Recrues de Monmouth**, par A. CONAN DOYLE. Traduction d'Albert Savine. Un vol. in-18 . . . 3 50

LI. — **Le Capitaine Micah Clarke**, par A. CONAN DOYLE. Traduction d'Albert Savine. Un volume in-18 . . . . 3 50

LII. — **Derniers Mystères et Aventures**, par A. CONAN DOYLE. Traduction d'Albert Savine. Un volume in-18 . . . . . 3 50

LIII. — **La bataille de Sedgemoor**, par A. CONAN DOYLE. Traduction d'Albert Savine. Un volume in-18 . . . . 3 50

Imprimerie Générale de Châtillon-sur-Seine. — A. PICHAT.

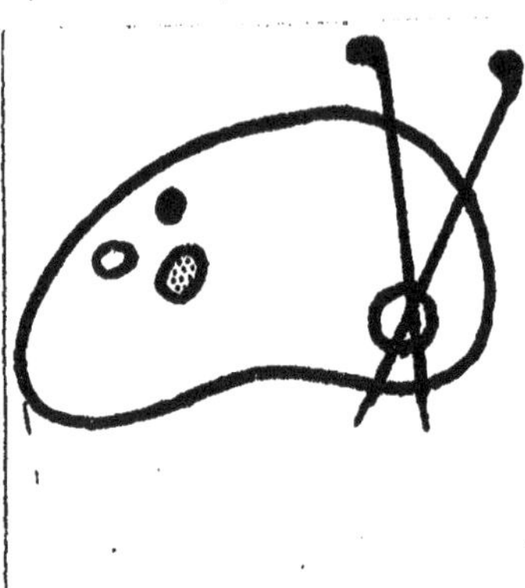

Fin d'une série de documents
en couleur

LA BATAILLE DE SEDGEMOOR

Ce volume a été déposé au Ministère de l'Intérieur (Section de la librairie) en Mai 1911.

DU MÊME AUTEUR ET DU MÊME TRADUCTEUR :

Mystères et Aventures. — Nouveaux Mystères et Aventures. — Le Parasite. — La Grande Ombre. — Un Début en Médecine. — Idylle de Banlieue. — Jim Harrison, boxeur. — La Merveilleuse Aventure de Raffles Haw. — Les Recrues de Monmouth. — Le Capitaine Micah Clarke. — Derniers Mystères et Aventures.

DU MÊME TRADUCTEUR :

JUAN VALERA. — **Le Commandeur Mendoza.**
NARCIS OLLER. — **Le Papillon**, préface d'Émile Zola.
— **Le Rapiat.**
JACINTO VERDAGUER. — **L'Atlantide.**
EMILIA PARDO BAZAN. — **Le Naturalisme.**
HENRYCK SIENKIEWICZ. — **Pages d'Amérique.**
ANDREW CARNEGIE. — **La Grande-Bretagne jugée par un Américain.**
ELISABETH BARRETT BROWNING. — **Poèmes et Poésies.**
TH. DE QUINCEY. — **Souvenirs autobiographiques du Mangeur d'opium.**
TH. ROOSEVELT. — **La Vie au Rancho.**
— **Chasses et parties de chasse.**
— **La Conquête de l'Ouest.**
— **New-York.**
PERCY BYSSHE SHELLEY. — **Œuvres en prose.**
ROBERT-L. STEVENSON. — **Enlevé !**
ALGERNON C. SWINBURNE. — **Nouveaux Poèmes et Ballades.**
OSCAR WILDE. — **Le Crime de Lord Arthur Savile.**
— **Le Portrait de monsieur W. H.**
— **Poèmes.**
— **Le Prêtre et l'Acolyte.**
— **Théâtre I. : Drames.**
— **Théâtre II. : Comédies.**
— **Théâtre III. : Comédies 2e volume.**
— **Une Maison de Grenades.**
RUDYARD KIPLING. — **Simples Contes des Collines.**
— **Nouveaux Contes des Collines.**
— **Trois Troupiers.**
— **Autres Troupiers.**
— **Au Blanc et Noir.**
— **Sous les Déodars.**
— **Au Hasard de la Vie.**
— **La Cité de l'Epouvantable Nuit.**
— **Lettres de Marque.**

En préparation :

RUDYARD KIPLING. — **Chez les Cheminots des Indes.**
— **Chez les Américains.**
ARTHUR CONAN DOYLE. — **Un Duo.**
HENRYCK SIENKIEWICZ. — **La Préférée.**
ARMANDO PALACIO VALDES. — **L'Idylle d'un malade.**
JOSÉ MARIA DE PEREDA. — **Au premier vol.**
ROBERT-L. STEVENSON. — **Les Joyeux Drilles.**
BRET HARTE. — **Maruja.**
OSCAR WILDE. — **La Maison de la Courtisane, nouveaux poèmes.**

BIBLIOTHÈQUE COSMOPOLITE. — N° 53

A. CONAN DOYLE

La Bataille de Sedgemoor

TRADUCTION d'ALBERT SAVINE

— DEUXIÈME ÉDITION —

PARIS. — Ier

P.-V. STOCK, ÉDITEUR

(Ancienne Librairie TRESSE & STOCK)

155, RUE SAINT-HONORÉ, 155

1911

De cet ouvrage il a été tiré à part
10 exemplaires sur papier de Hollande,
numérotés et paraphés par l'éditeur.

LA BATAILLE DE SEDGEMOOR [1]

I

L'Affaire du Pont de Keynsham.

Le lundi 21 juin 1685 se leva très sombre, avec un vent violent, des nuages noirs se mouvaient lourdement dans le ciel, et une pluie fine, continuelle, tombait.

Néanmoins, quelques instants après l'aube, les clairons de Monmouth se firent entendre dans tous les quartiers de la ville, depuis le pont sur la Tone jusqu'à Shuttern.

A l'heure dite, les régiments se rassemblèrent.

L'appel fut fait et l'avant-garde traversa d'un pas alerte la porte de l'Est.

On sortit dans le même ordre que lors de l'en-

1. Les deux premiers épisodes de ce roman ont paru sous les titres : *Les Recrues de Monmouth* et *Le Capitaine Micah Clarke.*

trée, notre régiment et les bourgeois de Taunton formant l'arrière-garde.

Le maire Timewell et Saxon s'étaient partagé l'organisation de cette partie de l'armée, et comme c'étaient des gens qui avaient longtemps servi, ils placèrent l'artillerie dans une situation moins exposée et postèrent une forte troupe de cavalerie à l'arrière, à une portée de canon, pour faire face à toute attaque des dragons du Roi.

On fut unanime à constater que l'armée avait fait de grands progrès au point de vue de l'ordre et de la discipline pendant notre halte de trois jours, grâce sans doute à la peine, que nous avions prise pour l'exercer sans relâche, et à notre attitude militaire.

En rangs solides, serrés, les hommes allaient, faisant jaillir la boue liquide ou épaisse, tout en échangeant de rudes plaisanteries campagnardes ou en chantant un couplet entraînant d'une chanson ou d'un hymne.

Sir Gervas chevauchait en tête de ses mousquetaires, dont les queues enfarinées pendaient molles et moites, et toutes dégoutantes d'eau.

Les piquiers de Lockarby et ma compagnie de faucheurs étaient pour la plupart des travailleurs des champs, endurcis à toutes les intempéries, et ils marchaient patiemment, les gouttes de pluie coulant sur leurs faces hâlées.

En avant se trouvait l'infanterie de Taunton,

en arrière la file encombrante des chariots à bagages, que suivait la cavalerie.

Ce fut ainsi que la longue ligne se déroula pardessus les hauteurs.

Quand on fut arrivé au sommet, où la route commence à descendre sur l'autre versant, on commanda une halte pour permettre aux régiments de se serrer et nous jetâmes un coup d'œil en arrière sur cette jolie ville qu'un si grand nombre des nôtres ne devaient pas revoir.

Nous apercevions sans peine sur les murailles sombres et les toits des maisons le flottement, l'agitation des mouchoirs blancs de ceux que nous quittions.

Ruben chevauchait bride à bride avec moi, sa chemise de rechange battant au vent et ses grands piquiers, la figure toute épanouie d'un large rire, marchant derrière lui, mais ses pensées et ses regards étaient trop loin de là pour qu'il pût les remarquer.

Pendant que nous regardions, une longue flèche de lumière solaire jaillit entre les deux bancs de nuages qui doraient le sommet du clocher de Sainte-Madeleine et l'étendard royal qui y flottait encore.

Cet incident fut salué comme un présage favorable et une acclamation retentissante se propagea de rang en rang.

A cette vue, on agita les chapeaux et il y eût un grand cliquetis d'armes.

Alors les clairons sonnèrent en fanfare.

Les tambours battirent une marche guerrière.

Ruben rentra sa chemise dans son havresac.

Et l'on se remit en route à travers la boue, la vase, les nuages mornes toujours suspendus sur nous, s'appuyant sur les collines non moins mornes à notre droite et à notre gauche.

Un chercheur de présage aurait peut-être dit que le ciel pleurait sur notre fatale aventure.

Pendant tout le jour, on marcha péniblement sur des routes qui n'étaient que des fondrières, avec de la boue jusqu'aux chevilles.

Le soir, on se dirigea vers Bridgewater, où nous fîmes quelques recrues et ajoutâmes quelques centaines de livres à notre caisse militaire, car c'était une localité prospère, avec un commerce très actif de cabotage qui s'étendait sur tout le cours de la rivière de Parret.

Après avoir passé une nuit sous des abris confortables, nous repartîmes par un temps pire encore que la veille.

Dans cette région, le sol est une vaste fondrière, même au temps le plus sec, mais de fortes pluies avaient fait déborder les mares et les avaient changées en vastes lacs des deux côtés de la route.

Cela avait peut-être un bon côté pour nous, car nous étions aussi protégés contre les raids de la cavalerie du Roi, mais notre marche en était très ralentie.

Et, tout le jour, on ne fit que barboter dans la vase et la boue.

Les gouttes de pluies brillaient sur les canons des fusils et ruisselaient sur les flancs des chevaux au pied lourd.

Nous longeâmes la Parret enflée, traversâmes Eastover, le paisible village de Bawdrip.

Nous franchîmes la hauteur de Polden.

Les clairons sonnèrent enfin la halte sous les bosquets d'Ashcot et un grossier repas fut servi aux hommes.

Puis en route sous la pluie impitoyable!

On traversa le parc boisé de l'Auberge au joueur de flûte, puis Walton, où l'inondation menaçait les chaumières.

On longea les vergers de Street et on arriva ainsi, à la tombée de la nuit, dans la vieille et grise cité de Glastonbury, où les bonnes gens firent de leur mieux pour faire oublier, par leur chaleureux accueil, les souffrances que causait le mauvais temps.

Le lendemain matin fut encore pluvieux et inclément.

En conséquence, l'armée fit une étape pour atteindre Wells.

C'est une ville assez importante, avec une belle cathédrale, qui possède un grand nombre de figures sculptées placées dans des niches à l'extérieur, comme nous en avions vu à Salisbury.

Les habitants étaient fort bien disposés pour

la cause protestante et l'armée fut si bien accueillie que sa nourriture coûta peu à la caisse militaire.

Ce fut au cours de cette étape que nous vînmes pour la première fois en contact avec la cavalerie royale.

Plus d'une fois, quand la buée de la pluie s'éclaircissait, nous avions vu l'éclat des armes sur les collines basses qui dominaient la route, et nos éclaireurs étaient revenus annoncer qu'ils avaient aperçu sur nos deux flancs de fortes troupes de dragons.

A un certain moment, ils se massèrent en grand nombre sur nos derrières, comme s'ils se proposaient d'attaquer nos bagages.

Mais Saxon disposa des deux côtés un régiment de piquiers, de sorte qu'ils se dispersèrent et qu'on ne revit plus leurs armes luire que sur les hauteurs.

On partit de Wells, le 24, pour gagner Shepton Mallet, sans cesser d'entrevoir derrière nous et de chaque côté les maudits sabres et casques.

Ce soir là, nous étions près du pont de Keynsham, à moins de deux lieues, à vol d'oiseau, de Bristol.

Plusieurs de nos cavaliers passèrent la rivière à gué et s'avancèrent presque jusqu'aux murailles.

Le matin, les nuages, chargés de pluie, avaient fini par s'éclaircir.

Aussi Ruben et moi, nous descendîmes lentement sur nos montures la pente d'une des vertes collines qui s'élevaient à l'arrière du camp, dans l'espoir d'apercevoir quelques indices de l'ennemi.

Nos hommes avaient été laissé libres.

Ils étaient éparpillés sur l'herbe, essayant d'allumer des feux avec du bois mouillé ou mettant leurs habits à sécher au soleil.

C'était là une troupe bien étrange à voir.

Ils étaient cuirassés de boue de la tête aux pieds.

Leurs chapaux ramolis s'étaient déformés, leurs armes rouillées, leurs bottes si usées que beaucoup marchaient nu-pieds, et que d'autres avaient roulé leurs mouchoirs autour de leurs pieds.

Et pourtant leur court passage par la vie militaire avait fait de ces rustres aux bonnes figures, des gaillards aux regards farouches, à moitié rasés, aux joues creuses, sachant « présenter armes » ou « mettre la pique sur l'épaule », comme s'ils n'avaient fait que cela depuis leur enfance.

Les officiers ne se trouvaient pas mieux partagés que les hommes.

D'ailleurs, mes chers enfants, nul officier, quand il est de service, ne s'abaisserait à se procurer un confortable que tous ne pourraient point partager avec lui.

Il doit prendre place au feu du bivouac, partager l'ordinaire du soldat, ou bien tout laisser-là, car il est un embarras, une pierre d'achoppement.

Nos habits étaient en bouillie, nos cuirasses rougies par la rouille, nos chevaux aussi tachés, aussi éclaboussés que s'ils s'étaient roulés dans la vase.

Même nos épées et nos pistolets étaient dans une condition telle que nous avions de la peine à dégaîner les unes et faire partir les autres.

Seul Sir Gervas réussit à maintenir jusqu'au bout sur son costume et sa personne la propreté poussée jusqu'à la coquetterie.

Que faisait-il pendant les gardes de nuit et comment arrivait-il à dormir?

Ce fut toujours un mystère pour moi, car chaque jour il se montrait à l'appel du clairon lavé, parfumé, brossé, la perruque bien arrangée, avec des vêtements desquels jusqu'à la dernière éclaboussure avait été enlevée soigneusement.

A l'arçon de sa selle était toujours suspendu la boîte pleine de farine où nous l'avions vu puiser à Taunton, et ses braves mousquetaires avaient la tête dûment poudrée tous les matins, bien que leurs queues redevinssent une heure après aussi brunes que la nature les avait faites, bien que la farine s'en allât en minces filets laiteux sur leurs larges dos, en formant des grumeaux sur les bords de leurs habits.

Ce fut une longue lutte contre le mauvais temps et le baronnet, mais ce fut notre camarade qui l'emporta.

— Il fut un temps où on m'appelait le Gros Ruben, disait mon ami, comme nous chevauchions côte à côte sur la route tortueuse. Avec trop peu de ce qui est solide et trop de l'élément liquide, je finirai par être le squelette Ruben avant de revoir Havant. Je suis aussi plein d'eau de pluie que les barils de mon père de bière d'octobre. Je voudrais, Micah, que vous me tordiez et que vous me mettiez à sécher sur un de ces buissons.

— Si vous êtes mouillé, les gens du Roi Jacques doivent l'être encore plus, dis-je, car après tout nous avons été abrités tant bien que mal.

— C'est une piètre consolation, quand vous crevez de faim, de savoir que votre prochain est dans la même situation. Je vous en donne ma parole, Micah, j'ai serré ma ceinture d'un cran lundi; d'un autre mardi, d'un hier, et d'un autre aujourd'hui. Je vous le dis, je fonds comme un glaçon au soleil.

— Si vous en venez à être réduit à rien, dis-je en riant, qu'est-ce que nous aurons à raconter sur vous à Taunton ? Depuis que vous avez endossé la cuirasse et que vous êtes à la conquête des cœurs de nos demoiselles, vous nous avez dépassés tous en importance, et vous êtes devenu un homme de poids, un homme considérable.

— J'avais plus de substance, plus de poids, avant de me mettre à traîner sur les routes de la campagne comme un colporteur de Hambledon, dit-il. Mais pour dire la vérité vraie et parler sérieusement, Micah, c'est une chose étrange de sentir que le monde qui se trouve tout entier devant vous, vos espérances, vos ambitions, tout en un mot, se tiennent dans le petit espace que peut couvrir un bonnet et que supportent deux petits pieds. Il me semble qu'elle est ce qu'il y a de plus noble, de plus élevé en moi, et que si j'étais arraché d'elle, je resterais à jamais un être incomplet, inachevé. Avec elle, je ne demande pas autre chose. Sans elle, tout le reste n'est rien.

— Mais avez-vous parlé au vieillard? demandai-je. Etes-vous fiancé en règle?

— Je lui ai parlé, répondit mon ami, mais il était si occupé à garnir les cartouches, que je n'ai pu obtenir son attention. Lorsque j'ai fait une nouvelle tentative, il était en train de compter les piques de rechange dans la salle d'armes du château, avec une taille et un encrier. Je lui ai dit que j'étais venu pour solliciter la main de sa petite-fille. Sur quoi il s'est tourné vers moi, et m'a demandé : « Quelle main? » d'un air si distrait qu'il était évident que son esprit était ailleurs. Mais à la troisième tentative, le jour où vous êtes revenu de Badminton, j'ai présenté enfin ma requête, mais il a pris feu aussitôt, pour me dire que ce n'était pas la saison de pareilles sottises, ajoutant que j'aurais à attendre que le Roi Monmouth fut sur le trône et qu'alors je pourrais lui faire ma demande. Je vous réponds qu'il ne traitait pas ces choses-là de sottises, il y a cinquante ans, quand il faisait lui-même sa cour.

— Du moins il ne vous a pas refusé, dis-je. Cela vaut autant qu'une promesse, de vous dire que si l'entreprise réussit, vous réussirez aussi.

— Sur ma foi, s'écria Ruben, si un homme pouvait amener ce résultat, rien qu'avec sa lame, il n'y en a point qui s'y intéresse aussi vivement que moi. Non! pas même Monmouth en personne. Depuis longtemps l'apprenti Derrick a levé les yeux jusqu'à la petite-fille de son maître et le vieux était prêt à faire de lui son fils, tant il était enchanté de le voir si pieux et si zèlé. Mais j'ai appris indirectement que ce n'est qu'un débauché, un homme aux plaisirs bas, bien qu'il cache ses frasques sous des dehors pieux. J'ai pensé, tout comme vous, qu'il était à la tête des tapageurs qui ont tenté d'enlever Mistress Ruth, et pourtant sur ma foi! je n'ai guère sujet de les blâmer sévèrement puisqu'ils m'ont rendu le plus grand service que jamais des gens aient rendu. En attendant, avant notre départ de Wells, il y a deux nuits, j'ai saisi l'occasion de dire quelques mots à ce sujet à Maître Derrick et de l'avertir de ne comploter aucune trahison contre elle, s'il tenait à sa vie.

— Et comment a-t-il accueilli cette bienveillante sommation ?

— Comme un rat accueille un piège à rat. Il a grogné quelques mots de haine dévote et s'est esquivé.

— Sur ma vie, mon garçon, dis-je, vous avez eu autant d'aventures de votre côté que moi du mien. Mais nous voici au sommet de la hauteur, avec une perspective aussi étendue qu'on peut le souhaiter.

Juste au-dessous de nous courrait l'Avon, traversant en longues courbes un pays boisé et renvoyant les rayons du soleil tantôt sur un point, tantôt sur un autre.

On eût dit une rangée de soleils minuscules sur une corde d'argent.

De l'autre côté, le pays paisible, aux teintes variées, montait et descendait en ondulations, qui présentaient à la vue champs de blés et vergers, et s'étendait au loin pour finir en une lisière de forêts, sur les collines lointaines de Malvern.

A notre droite étaient les hauteurs verdoyantes des environs de Bath, à notre gauche les crêtes déchiquetées des Mendips, Bristol, la reine du pays, tapie derrière ses fortifications, et plus en arrière, les eaux grises du Canal, avec des voiles blanches comme la neige.

A nos pieds se trouvaient le pont de Keynsham, notre armée formant des taches sombres sur le vert des champs, la fumée des bivouacs et les voix des conversations flottant encore dans l'air de l'été.

Une route longeait les bords de l'Avon du côté du Comté de Somerset.

Sur cette route s'avançaient deux escadrons de cavalerie, qui se proposaient d'établir des postes avancés sur notre flanc d'est.

Comme ils défilaient à grand bruit, sans grand ordre, ils avaient à traverser un bois de pins, dans lequel la route fait un brusque détour.

Nous étions en train de contempler la scène, quand tout à coup, pareil à l'éclair qui jaillit du nuage, un escadron des Horseguards fit demi-tour pour se lancer sur le terrain découvert, et passant rapidement à l'allure du trot, puis du galop, fondit comme un tourbillon d'habits bleus et d'acier sur nos escadrons surpris.

Des rangs de tête partit le bruit des carabines qu'on épaule, mais en un instant, les Gardes passèrent à travers eux et fondirent sur le second escadron.

Pendant quelque temps les braves paysans tinrent ferme.

La masse compacte d'hommes et de chevaux oscillait, avançant, reculant, les lames de sabre tournoyant au dessus d'elle en éclairs d'une lumière rageuse.

Puis, des habits bleus se montrèrent çà et là parmi les habits de bure.

La lutte reporta ses mouvements furieux sur une centaine de pas en arrière.

La masse épaisse fut fendue en deux et les Gardes du Roi s'élancèrent comme un flot dans la brèche, s'épandant à droite et à gauche, forçant les haies, franchissant les fossés, sabrant de la pointe et du tranchant les cavaliers qui fuyaient.

Toute la scène, ces chevaux qui frappaient du pied, ces crinières agitées, ces cris de triomphe ou de désespoir, ces halètements pénibles, cette sonorité musicale de l'acier qui heurte l'acier, ce fut pour nous, qui étions sur la hauteur, comme une vision désordonnée, tant elle fut prompte à paraître et à disparaître.

Un coup de clairon sec, impérieux, ramena les Bleus sur la route, où ils se reformèrent et partirent au petit trop avant que de nouveaux escadrons eussent le temps de venir du camp.

Le soleil continuait à briller, la rivière à se rider.

Il ne restait plus rien qu'un long amas d'hommes et de chevaux pour marquer le passage de la tempête infernale qui avait éclaté sur nous si brusquement.

Pendant que les Bleus s'éloignaient, nous remarquâmes un officier isolé qui formait l'arrière-garde.

Il chevauchait très lentement, comme s'il trouvait fort mauvais de tourner le dos même à une armée entière.

L'intervalle entre l'escadron et lui ne cessait de s'accroître, mais il ne faisait rien pour hâter le pas.

Il allait tranquillement son train, jetant de temps à autre un regard en arrière pour voir s'il était suivi.

La même idée surgit simultanément dans l'esprit de mon camarade et dans le mien, et nous la devinâmes en échangeant un coup d'œil.

— Prenons ce sentier, cria-t-il avec vivacité. Il nous mènera au delà du bouquet d'arbres et il est encaissé dans toute sa longueur.

— Conduisons les chevaux à la main, jusqu'à ce que nous soyons sur un meilleur terrain, répondis-je. Nous lui couperons la retraite, si nous avons de la chance.

Sans prendre le temps d'en dire davantage, nous nous hâtâmes de descendre par le sentier inégal, où nous glissions et faisions des rainures dans le gazon détrempé par la pluie.

Puis nous remettant en selle, nous parcourûmes le défilé, traversâmes le bouquet d'arbre, et nous nous trouvâmes sur la route assez tôt pour voir l'escadron disparaître dans le lointain et nous trouver face à face avec l'officier isolé.

C'était un homme brûlé par le soleil, aux traits fortement marqués, aux moustaches noires.

Il montait un grand cheval osseux, de robe châtain.

A notre apparition sur la route, il fit halte pour nous examiner de près.

Puis s'étant convaincu de nos intentions hostiles, il dégaina son épée, tira de son arçon un pistolet, avec la main gauche, puis mettant la bride entre ses dents, il planta ses éperons dans les flancs de son cheval, et se lança sur nous à fond de train.

Comme nous nous élancions sur lui, Ruben à sa gauche, et moi à droite, il me lança un violent coup de sabre, et en même temps fit feu sur mon camarade.

La balle effleura la joue de Ruben, laissant sur son passage une ligne rouge semblable à celle qu'aurait produite un coup de fouet, en même temps que la poudre lui noircissait la figure.

Mais le coup de sabre ne m'atteignit pas.

Au moment où nos chevaux se touchaient presque dans leur course, je l'arrachai de sa selle et l'attirai en travers de la mienne, la figure en haut.

Le brave Covenant partit un peu ralenti par son double fardeau, et avant que les Gardes se fussent aperçus qu'ils avaient perdu leur officier, nous avions amené celui-ci, malgré ses efforts et ses mouvements désespérés jusqu'en vue du camp de Monmouth.

— Il m'a rasé de près, l'ami, dit Ruben en portant la main à sa joue; il m'a tatoué la figure avec de la poudre, si bien qu'on va me prendre pour le frère cadet de Salomon Sprent.

— Grâce à Dieu, vous n'avez pas de mal, dis-je. Regardez, voici notre cavalerie qui s'avance sur le haut de la route. Lord Grey est à sa tête. Ce que nous avons de mieux à faire, c'est d'amener notre prisonnier au camp, puisque nous ne servons à rien ici.

— Au nom du Christ, s'écria celui-ci, tuez-moi ou mettez-moi à terre, je ne saurais souffrir d'être porté de cette façon comme un enfant à moitié sevré, à travers tout votre campement de rustauds qui ricanent.

— Je ne veux nullement me divertir aux dépens d'un brave, répondis-je. Si vous consentez à donner votre parole de rester avec nous, vous marcherez entre nous.

— Volontiers, dit-il en se laissant glisser à terre et rajustant son uniforme froissé. Par ma foi, messieurs, vous m'aurez appris à ne point faire fi de mes ennemis. Je serais resté auprès de mon escadron, si j'avais cru à la possibilité de rencontrer des avant-postes ou des vedettes.

— Nous étions sur la hauteur, avant de vous avoir coupé, dit Ruben. Si cette balle de pistolet était allée plus droit, c'est plutôt moi qui aurais été coupé. Diable! Micah! Il n'y a qu'un instant je grognais parce que j'avais maigri, mais si j'avais eu la joue aussi ronde que jadis, le morceau de plomb l'aurait traversée.

— Où vous ai-je déjà vus ? demanda notre prisonnier, en fixant sur moi ses yeux noirs. Ah ! oui, j'y suis, c'était à l'hôtellerie de Salisbury, où notre écervelé de camarade, Horsford, a dégainé contre un vieux soldat qui était avec vous. Pour moi, je me nomme Ogilvy... Major Ogilvy, des Horseguards bleus. J'ai été vraiment enchanté d'apprendre que vous aviez échappé aux mâtins. Après votre départ, quelques mots ont fait entrevoir votre véritable destination, et un ou deux faiseurs d'embarras, en qui le zèle étouffe l'humanité, ont lancé les chiens sur votre piste.

— Je me souviens bien de vous, répondis-je. Vous allez trouver au camp le colonel Décimus Saxon, mon ancien compagnon. Sans doute vous serez bientôt échangé contre quelqu'un de nos prisonniers.

— Il est bien plus problble que je serai égorgé, dit-il en souriant. Je crains que Feversham, dans ses dispositions présentes, ne s'arrête guère à faire des prisonniers et Monmouth sera peut-être tenté de le payer de la même monnaie. Après tout, c'est la fortune de la guerre et je dois expier mon défaut de prudence militaire. A dire vrai, j'avais à ce moment là l'esprit bien loin des batailles et des embuscades, car il errait dans la direction de l'eau régale et de son action sur les métaux, jusqu'au moment où votre apparition m'a rappelé à l'état militaire.

— La cavalerie est hors de vue, dit Ruben, en jetant un coup d'œil derrière lui, la nôtre aussi bien que la leur. Mais je vois un groupe d'hommes, là-bas, de l'autre côté de l'Avon, et ici, sur le flanc de la hauteur, n'apercevez-vous pas le reflet de l'acier ?

— Il y a là de l'infanterie, dis-je, en fermant à demi les yeux. Il me semble que je peux distinguer quatre ou cinq régiments et autant d'étendards de cavalerie. Il faut informer de cela, sans aucun retard, le Roi Monmouth.

— Il est au fait, dit Ruben. Le voici là-bas, sous les arbres, entouré du conseil. Voyez, l'un d'eux arrive à cheval de ce côté-ci.

En effet, un cavalier s'était détaché du groupe et galopait vers nous.

— Monsieur, dit-il, en saluant, si vous êtes le Capitaine Clarke, le roi vous ordonne de vous rendre au Conseil.

— Alors, m'écriai-je, je laisse le major sous votre garde, Ruben. Veillez à ce qu'il soit aussi bien que le comportent nos ressources.

Sur ces mots, j'éperonnai mon cheval et je rejoignis bientôt le groupe formé autour du Roi.

Il y avait là Grey, Wade, Buyse, Ferguson, Saxon, Hollis, et une vingtaine d'autres.

Tous avaient l'air très grave et examinaient la vallée à l'aide de leurs longues-vues.

Monmouth lui-même avait mis pied à terre et était adossé au tronc d'un arbre, les bras croisés sur sa poitrine, et le plus profond désespoir était peint sur sa figure.

Derrière l'arbre, un laquais allait et venait, promenant son cheval noir à la robe lustrée, qui faisait des gambades, agitait sa magnifique crinière, comme un vrai roi de la race chevaline.

— Vous le voyez, mes amis, dit Monmouth, promenant tour à tour sur les chefs ses yeux éteints, il semblerait que la Providence soit contre nous. Nous avons sans cesse aux talons quelque nouvelle mésaventure.

— Ce n'est pas la Providence, Sire. C'est notre propre négligence, s'écria hardiment Saxon. Si nous avions marché sur Bristol hier soir, nous serions à l'heure actuelle du bon côté des remparts.

— Mais nous ne nous doutions pas que l'infanterie ennemie était si proche, s'écria Wade.

— Je vous ai dit ce qui en résulterait et le colonel Buyse l'a dit également, ainsi que le digne Maire de Taunton, répondit Saxon. Mais je n'ai rien à gagner en pleurant sur une cruche cassée. Nous devons même faire de notre mieux pour la raccommoder.

— Avançons sur Bristol et mettons notre confiance dans le Très-Haut, dit Ferguson. Si c'est sa puissante volonté que nous la prenions, eh bien nous y entrerons, quand même fauconneaux et sacres seraient aussi nombreux que les pavés des rues.

— Oui, oui, en route pour Bristol! Dieu avec nous! crièrent avec ardeur plusieurs Puritains.

— Mais c'est folie, sottise, le comble de la sottise! dit Buyse, éclatant avec violence. Vous avez l'occasion et vous ne voulez pas la saisir. Maintenant l'occasion est partie et vous voilà tous pressés de partir. Il y a là une armée forte, autant que je puis en juger, de cinq mille hommes sur la rive droite de la rivière. Nous sommes du mauvais côté et cependant vous parlez de la passer et d'assiéger Bristol sans pièces de siège, sans bêches, et avec ces forces sur nos derrières. La ville se rendra-t-elle, alors qu'elle peut voir du haut de ses remparts l'avant-garde de l'armée qui vient à son secours? Est-ce que cela nous aidera à combattre l'ennemi, que de le faire dans le voisinage d'une place forte, d'où la cavalerie et l'infanterie peuvent sortir pour faire une attaque sur notre flanc? Je le répète, c'est de la folie.

Ce que disait le guerrier allemand était d'une vérité si évidente que les fanatiques eux-mêmes furent réduits au silence.

Au loin dans l'est, de longues lignes d'acier brillaient, et les taches rouges, qu'on voyait sur les hauteurs vertes, étaient des arguments que les plus téméraires ne pouvaient dédaigner.

— Alors que conseillez-vous? demanda Monmouth en frappant avec impatience de la cravache ornée de pierres précieuses sur ses bottes de cheval.

— De passer la rivière et de les prendre corps à corps avant qu'ils aient pu recevoir des secours de la ville, dit le gros Allemand d'un ton bourru. Je ne peux pas comprendre pourquoi nous sommes ici, si ce n'est pour nous battre. Si nous gagnons la partie, la ville tombera forcément. Si nous la perdons, nous aurons toujours tenté un coup hardi et nous ne pouvons faire davantage.

— Est-ce aussi votre opinion, Colonel Saxon? demanda le Roi.

— Certainement, Sire, si nous pouvons livrer bataille avantageusement. Mais nous ne pouvons guère le faire en traversant la rivière, sur un seul pont étroit en face d'une armée aussi forte. Je suis d'avis de détruire le pont de Keynsham et de descendre la rive du sud pour imposer la bataille dans une position que nous pourrons choisir.

— Nous n'avons pas encore sommé Bath, dit Wade. Faisons ce que propose le Colonel Saxon, et en attendant, marchons dans cette direction et envoyons un trompette au gouverneur.

— Il y a encore un autre plan, dit Sir Stephen Timewell, c'est de marcher rapidement sur Gloucester, d'y passer la Severn, et alors de traverser le comté de Worcester pour se rendre dans le Shropshire et le Cheshire. Votre Majesté a bien des partisans dans ce pays-là !

Monmouth allait et venait la main sur son front, de l'air d'un homme qui a perdu la tête.

— Que dois-je faire ? s'écria-t-il enfin, au milieu de tous ces avis contradictoires, quand je sais que de ma décision dépend non seulement mon succès, mais encore la vie de ces pauvres et fidèles paysans et gens de métier.

— Avec les humbles égards que je dois à Votre Majesté, dit Lord Grey, qui à ce moment même revenait de la manœuvre de la cavalerie, comme il y a fort peu d'escadrons de leur cavalerie de ce côté-ci de l'Avon, je conseillerais de faire sauter le pont et de marcher sur Bath, d'où nous pourrons passer dans le Comté de Wilts, où nous savons que nous serons bien accueillis.

— Qu'il en soit ainsi, s'écria le Roi, avec la précipitation d'un homme qui accepte un plan non point parce que c'est le meilleur, mais parce qu'il sent que tous les plans sont également sans issue. Qu'en dites-vous, gentilshommes ? ajouta-t-il avec une sourire amer. J'ai reçu ce matin des nouvelles de Londres. On me dit que mon oncle a mis sous clef deux cents marchands et autres personnes suspectes de fidélité à leur religion, dans les prisons de la Tour et de la Flotte. Il lui faudra employer la moitié de la nation à garder l'autre, d'ici à peu.

— En somme, Votre Majesté en viendra à le

garder, suggéra Wade. Il pourrait bien se faire qu'il voie s'ouvrir la Porte des Maîtres un de ces matins.

— Ha ! ha ! — croyez-vous ? s'écria Monmouth en se frottant les mains, pendant que sa figure s'éclairait d'un sourire. Eh bien, vous aurez peut-être dit la vérité. La cause d'Henri paraissait perdue le jour où la bataille de Bosworth trancha le débat. A vos postes, gentilshommes ! Nous marcherons dans une demi-heure. Le Colonel Saxon et vous, Sir Stephen, vous couvrirez l'arrière-garde et protégerez les bagages. C'est un poste honorable, avec ce rideau de cavalerie autour de nos basques.

Le conseil se dispersa aussitôt.

Chacun de ses membres regagna à cheval son régiment.

Tout le camp fut bientôt en mouvement, au son des clairons, au roulement des tambours, de sorte qu'en très peu de temps l'armée fut déployée en ordre et les enfants perdus de la cavalerie se lancèrent sur la route qui mène à Bath.

L'avant-garde était composée de cinq cents cavaliers avec les miliciens du Comté de Devon.

Après eux, et dans l'ordre suivant venaient le régiment des marins, les hommes du nord du Somerset ; le premier régiment des bourgeois de Taunton, les mineurs de Mendip et de Bagworthy, les dentelliers et sculpteurs sur bois de Honiton, Wellington et Ottery Sainte Marie; les bûcherons, les marchands de bestiaux, les gens des marais et ceux du district de Quantock.

Puis venaient les canons et les bagages, avec notre propre brigade et quatre enseignes de cavalerie comme arrière-garde.

Pendant notre marche, nous pouvions voir les habits rouges de Feversham suivant la même direction sur l'autre bord de l'Avon.

Une grosse troupe de leur cavalerie et de leurs dragons avait passé à gué la rivière et voltigeait autour de nous, mais Saxon et Sir Stephen couvraient les bagages si habilement, tenaient tête d'un air si résolu et faisaient pétiller la fusillade avec tant d'à propos, quand nous étions serrés de trop près, que l'ennemi ne se hasarda point à charger à fond.

II

La Bataille dans la Cathédrale de Wells.

Me voici maintenant bel et bien lié aux roues du char de l'histoire, mes chers enfants, me voici tenu d'indiquer au fur et à mesure les noms, les lieux, les dates, quelque alourdissement qu'il en résulte pour mon récit.

Alors que se déroulait un pareil drame, il serait impertinent de parler de moi, si ce n'est comme le témoin ou l'auditeur de ce qui peut vous faire paraître plus vivantes ces scènes d'autrefois.

Il n'est point agréable pour moi de m'étendre sur ce sujet, mais convaincu, ainsi que je le suis, que le hasard ne joue aucun rôle dans les grandes ou les petites affaires de ce monde, j'ai la ferme croyance que les sacrifices de ces braves gens ne furent point perdus, que leurs efforts ne se dépensèrent point en pure perte, comme on le dirait peut-être à première vue.

Si la race perfide des Stuarts n'est plus maintenant sur le trône, et si la religion de l'Angleterre est encore une plante qui se développe librement, nous en sommes, selon moi, redevables à ces pataudś du Comté de Somerset.

Ils furent les premiers à faire voir combien il faudrait peu de chose pour ébranler le trône d'un monarque impopulaire.

L'armée de Monmouth ne fut que l'avant-garde de celle qui marcha sur Londres, trois ans plus tard, lorsque Jacques et ses cruels ministres fuyaient, abandonnés de tous, à la surface de la terre.

Dans la nuit du 27 juin, ou plutôt dans la matinée du 28, nous arrivâmes à la ville de Frome, très mouillés, dans un état lamentable, car la pluie avait recommencé, et toutes les routes étaient des fondrières boueuses.

De là, nous partîmes le lendemain pour Wells.

On y passa la nuit et tout le jour suivant, pour donner aux hommes le temps de sécher leurs habits et de se refaire après leurs privations.

Dans l'après-midi, une revue de notre régiment du comté de Wills eut lieu dans le parvis de la cathédrale, et Monmouth nous fit des éloges, bien mérités d'ailleurs, pour les progrès accomplis en si peu de temps dans notre allure martiale.

Comme nous retournions à nos quartiers, après

avoir renvoyé nos hommes, nous aperçûmes une grande foule des grossiers mineurs d'Oare et de Bagworthy rassemblés sur la place en face de la cathédrale, et écoutant l'un d'eux, qui les haranguait du haut d'un char.

Les gestes farouches et violents de cet homme prouvaient que c'était un de ces sectaires extrêmes en qui la religion court le danger de tourner à la folie furieuse.

Les bruits sourds et les gémissements qui montaient des rangs de la foule marquaient, cependant, que ses paroles ardentes étaient bien d'accord avec les dispositions de son auditoire.

Aussi nous fîmes une halte tout près de la foule, pour écouter son discours.

C'était un homme à barbe rouge, à la figure farouche, avec une toison en désordre qui retombait sur ses yeux luisants, et doué d'une voix rauque qui retentissait dans toute la place.

— Que ne ferons-nous pas pour le Seigneur, criait-il, que ne ferons-nous pas pour le Saint des Saints? Pourquoi sa main s'appesantit-elle sur nous? Pourquoi n'avons-nous pas délivré ce pays, ainsi que Judith délivra Béthulie?

Voyez-vous, nous avons attendu en paix, et il n'en est résulté rien de bon, et pour un temps de santé, nous vivons dans la peine.

Pourquoi cela, vous dis-je?

En vérité, frères, c'est parce que nous avons agi à la légère avec le Seigneur, parce que nous n'avons pas été entièrement de cœur avec lui.

Oui, nous l'avons loué en paroles, mais par nos actions, nous lui avons témoigné de la froideur.

Vous le savez bien, le Prélatisme est chose maudite, qui mérite les sifflets, une chose qui est une abomination aux yeux du Tout-Puissant.

Et cependant, qu'est-ce que nous avons fait pour lui en cette circonstance, nous, ses serviteurs ?

N'avons-nous pas vu des églises prélatistes, églises des formes et des apparences, où la créature est confondue avec le Créateur ?

Ne les avons-nous pas vues, dis-je, et cependant n'avons-nous pas négligé de les balayer au loin, et ainsi ne les avons-nous pas sanctionnées ?

Le voilà le péché d'une génération tiède et prête à reculer !

La voilà la cause pour laquelle le Seigneur regarde avec froideur son peuple !

Voyez, à Shepton et à Frome, nous avons laissé derrière nous de pareilles églises.

A Gastonbury aussi, nous avons épargné ces murailles coupables qui furent élevées par les mains des idolâtres de jadis.

Malheur à vous, si après avoir mis la main à la charrue du Seigneur, vous tournez le dos à la besogne !

Regardez par ici...

Et sur ces mots, il se tourna vers la belle cathédrale :

— Que signifie cet amas de pierre? N'est-ce point un autel de Baal?

Ne fut-il point construit pour le culte de l'homme et non pour celui de Dieu.

N'est-ce point ici que le nommé Ken, paré de son sot rochet, de ses joyaux puérils, peut prêcher des doctrines sans âme, et menteuses, lesquelles ne sont que le vieux ragoût du Papisme servi sous un nom nouveau?

Est-ce que nous souffririons pareille chose ?

Est-ce que nous, les enfants choisis du Grand Etre, nous laisserons subsister cette tache pestiférée !

Pouvons-nous compter sur l'aide du Tout-Puissant, si nous n'étendons pas la main pour venir à son aide ?

Nous avons laissé derrière nous les autres temples du Prélatisme, laisserons-nous aussi celui-ci debout, mes frères ?

— Non, non, hurla la foule, agitée par des mouvements d'orage.

— Allons-nous le démolir jusqu'à ce qu'il n'en reste pas pierre sur pierre?

— Oui ! oui ! cria-t-on.

— Maintenant? Tout de suite ?

— Oui, oui !

— Alors, à l'œuvre ! cria-t-il, et s'élançant à

bas de son char, il se précipita vers la cathédrale, suivi de près par la tourbe d'enragés fanatiques.

Les uns s'amassèrent, hurlant, vociférant, pour franchir les portes ouvertes.

D'autres, en essaims, grimpaient aux piliers et aux piédestaux de la façade, martelaient les ornuments sculptés, se cramponnaient aux vieilles et grises statues de pierre qui occupaient chaque niche.

— Il faut mettre un terme à ce désordre, dit Saxon d'un ton bref. Nous ne pouvons laisser insulter et salir toute l'Eglise d'Angleterre pour plaire à une bande de braillards à la tête échauffée. Le pillage de cette cathédrale ferait plus de tort à notre cause que la perte d'une bataille rangée. Amenez votre compagnie, Sir Gervas. Pour nous, nous ferons de notre mieux pour les retenir jusque-là.

— Hé, Masterton, cria le baronnet, apercevant un de ses sous-officiers dans un groupe qui se contentait de regarder, sans aider ni empêcher les émeutiers. Courez au quartier et dites à Barker de former la compagnie, la mèche allumée. Je puis être de quelque utilité ici.

— Ah ! voici Buyse, s'écria joyeusement Saxon, en voyant le colosse allemand se frayer passage à travers la foule, et Lord Grey aussi. Il faut que nous sauvions la cathédrale, mylord. Ils la mettraient à sac et la brûleraient.

— Par ici, gentilshommes, s'écria un homme âgé, aux cheveux gris, qui accourait à nous les bras tendus, un trousseau de clef sonnant à sa ceinture. Oh ! hâtez-vous, gentilshommes, si vous avez vraiment quelque autorité sur ces gens sans principes. Ils ont abattu saint Pierre, et ils finiront par démolir saint Paul, s'il n'arrive pas de secours. Il ne restera pas un Apôtre. Ils ont apporté un tonneau de bière et ils sont en train de le défoncer sur le maître-autel. Oh ! Hélas ! Peut-on voir chose pareille dans un pays chrétien !

Il eut un bruyant sanglot et frappa du pied dans son désespoir et sa souffrance.

— C'est le sacristain, messieurs, dit quelqu'un de la ville. Il a vieilli dans la cathédrale.

— Voilà le chemin de la Sacristie, mylords et gentilshommes, dit le vieillard en s'ouvrant courageusemant passage à travers la foule. Maintenant, quel malheur, le saint Paul est tombé aussi !

Comme il parlait, un craquement multiple s'entendit à l'intérieur de la cathédrale, annonçant une nouvelle profanation des fanatiques.

Notre guide redoubla de vitesse, et parvint enfin à une porte basse en chêne qu'il ouvrit à force de faire grincer des barreaux et craquer des gonds.

Nous nous glissâmes tant bien que mal par cette ouverture et suivîmes du pas le plus rapide le vieillard dans un corridor dallé qui débouchait dans la cathédrale par une petite porte tout près du maître-autel.

Le vaste édifice était plein d'émeutiers qui couraient de tous côtés, détruisant, brisant tout ce qu'ils pouvaient atteindre.

Un grand nombre d'entre eux étaient des fanatiques sincères, disciples du prédicant que nous avions entendu dehors, mais il y en avait d'autres que leurs figures suffisaient à désigner comme des coquins et des simples voleurs, tels que toute armée en ramasse sur son passage.

Pendant que les premiers arrachaient les statues des murailles ou lançaient les livres de prières à travers les vitraux des fenêtres, les autres déracinaient les massifs candélabres de bronze, emportant tout ce qui paraissait évidemment avoir quelque valeur.

Un individu déguenillé, huché dans la chaire, s'employait à déchirer le velours cramoisi qu'il jetait dans la foule.

Un autre avait renversé le pupitre, où on lisait les livres saints, et s'évertuait à tordre la monture de bronze pour l'enlever,

Au milieu d'une des ailes, un petit groupe avait passé une corde au cou de l'évangéliste Marc et tirait avec ardeur, si bien qu'au moment même de notre entrée, la statue oscilla quelques instants et finit par s'abattre à grand bruit sur les dalles de marbre.

Les vociférations, qui accompagnaient chaque nouvelle profanation, le craquement des boiseries démolies, des fenêtres brisées, le bruit sourd de la maçonnerie qui tombait, tout cela faisait un vacarme des plus assourdissants, auquel s'ajoutait le ronflement de l'orgue, que plusieurs émeutiers firent taire enfin en crevant les soufflets.

Le spectacle qui nous frappa le plus vivement, ce fut la scène qui se passait juste en face de nous au maître-autel.

On y avait placé un tonneau de bière.

Une douzaine de bandits s'étaient groupés tout autour.

L'un d'eux, avec des gestes indécents, avait grimpé dessus et s'occupait à défoncer le tonneau à coups de hachette.

Au moment de notre entrée, il venait de réussir à l'ouvrir.

La liqueur brune sortait en moussant, pendant que la foule, avec de bruyants éclats de rire, faisait circuler des cuillers à pot et des gobelets.

Le soldat allemand lança un juron grossier, d'une voix saccadée, à ce spectacle, se frayant à coups d'épaules un passage à travers les tapageurs.

Il sauta sur l'autel.

Le meneur de l'orgie était penché sur son baril, la cruche à la main, quand la poigne de fer du soldat s'abattit sur son collet.

En un instant, ses talons battaient l'air, il avait la tête plongée d'une profondeur de trois pieds dans le tonneau, dont le contenu jaillit en écumant de tous côtés.

Par un effort vigoureux, Buyse saisit le tonneau avec le mineur à-demi noyé qui s'y trouvait et lança le tout à grand bruit sur les larges degrés de marbre qui partaient du centre de l'église.

En même temps, aidés d'une douzaine de nos hommes, qui nous avaient suivis dans la cathédrale, nous repoussâmes les camarades de l'individu et les rejetâmes derrière la grille qui séparait le chœur de la nef.

Notre attaque eut pour effet de mettre un terme à la dévastation, mais en détournant sur nous la furie des fanatiques qui, jusque là, s'exerçait sur les murs et les fenêtres.

Statues, sculptures de pierre, boiseries, tout fut abandonné par les vandales et la bande entière se précipita avec un rauque bourdonnement de rage.

Toute discipline, tout ordre disparut dans leur frénésie pieuse.

— Abattez les Prélatistes ! hurlaient-ils. A bas les partisans de l'Antechrist ! Massacrons-les aux cornes mêmes de l'autel. A bas ! à bas !

Ils se massèrent des deux côtés, en une cohue sauvage, à demi folle, les uns armés, les autres sans armes, mais tous jusqu'au dernier pleins de cette fièvre, de cette rage qui aboutissent au meurtre.

— C'est une guerre civile compliquée d'une autre guerre civile, dit Lord Grey, avec un calme sourire. Nous n'avons rien de mieux à faire que de dégaîner, gentilshommes, et de défendre l'ouverture de la grille, si nous pouvons tenir bon jusqu'à ce qu'il arrive de l'aide.

Et en disant ces mots, il tira vivement sa rapière et se posta au haut des marches, entre Saxon et Sir Gervas d'un côté, Buyse, Ruben et moi de l'autre.

Il y avait juste l'espace nécessaire pour permettre à six hommes de manier efficacement leurs armes.

En conséquence, notre faible troupe d'auxiliaires se répartit le long de la grille.

Heureusement elle était assez haute et assez solide pour qu'il fût périlleux de l'escalader en présence d'adversaires.

Le désordre avait fait place à une véritable mutinerie parmi ces hommes des marais et des mines.

Les piques, les faux, les couteaux brillaient dans le demi-jour.

Les clameurs de rage étaient renvoyées en échos par les hautes voûtes du toit, comme les hurlements d'une meute de loups.

— Marchez en avant, mes frères, criait le prédicant fanatique qui avait déterminé l'explosion, marchez en avant contre eux. Peu importe qu'ils soient à une place dominante. Il y en a un qui est plus haut qu'eux. Reculerons-nous devant son œuvre à cause d'une épée nue? Souffrirons-nous que l'autel prélatiste soit sauvé par ces fils d'Amalek? En avant, en avant, au nom du Seigneur!

— Au nom du Seigneur! s'écria la foule, avec une sorte d'une voix haletante, accompagnée d'une sorte de sifflement, comme celui d'un homme sur le point de se lancer dans un bain glacé. Au nom du Seigneur!

Et ils arrivèrent des deux côtés, gagnant en nombre et en impulsion, si bien qu'enfin, avec un cri sauvage, ce flot se trouva devant la pointe même de nos épées.

Je ne saurais dire ce qui se passa à ma droite ou à ma gauche pendant la mêlée, car il y avait tant de gens qui nous serraient de près, et la lutte était si vive que chacun de nous ne pouvait faire plus que de se maintenir.

Le nombre même de nos agresseurs était une circonstance favorable pour nous, car il les gênait dans le maniement de l'épée.

Un gros mineur me lança un furieux coup de faux, mais il me manqua et perdit l'équilibre par suite de l'élan qu'il avait pris pour frapper, et je lui passai mon épée à travers le corps avant qu'il pût se remettre debout.

Ce fut la première fois, mes chers enfants,

qu'il m'arriva de tuer un homme dans un moment de colère, et je n'oublierai jamais la figure pâle, effarée, qu'il tourna vers moi par dessus son épaule avant de tomber.

Un autre me prit corps à corps avant que j'eusse dégagé mon arme, mais je l'écartai violemment de ma main gauche, puis j'abattis sur sa tête le plat de mon épée, et je l'étendis sans connaissance sur le pavé.

Dieu le sait, je n'avais nul désir d'ôter la vie à ces fanatiques égarés, ignorants, mais la nôtre était en jeu.

Un homme des marais, qui avait plutôt l'air d'une bête sauvage velue que d'un être humain, s'élança au dessus de mon arme et me saisit par le genoux pendant qu'un autre abattait son fléau sur mon casque, d'où le coup glissa sur mon épaule.

Un troisième me porta un coup de pique et m'atteignit à la cuisse, mais d'un coup je tranchai son arme en deux, et d'un autre je lui fendis la tête.

A cette vue, l'homme au fléau recula.

Une violente ruade me délivra de la créature sans armes, aux apparences simiesques, qui était à mes pieds, si bien que je me trouvai débarrassé de mes adversaires, sans avoir souffert de la rencontre, si ce n'est une égratignure à la cuisse et une certaine raideur dans le cou et l'épaule.

Je regardai autour de moi et je vis que mes compagnons avaient également réussi à écarter leurs agresseurs.

Saxon tenait de la main gauche sa rapière sanglante.

Le sang coulait à petites gouttes d'une blessure légère qu'il avait reçue à la main droite.

Devant lui gisaient, l'un sur l'autre, deux mineurs, mais aux pieds de Sir Gervas, il n'y avait pas moins de quatre corps entassés.

Au moment où je le regardai, il avait tiré sa tabatière et il s'inclinait devant Lord Grey, et d'un gracieux mouvement, il la lui présentait, l'air aussi insouciant que s'ils s'étaient rencontrés dans un café de Londres.

Buyse s'appuyait sur son grand sabre et considérait d'un air sombre un corps décapité, qui gisait devant lui, et qu'à ses vêtements je reconnus pour être celui du prédicant.

Pour Ruben, il était sain et sauf, mais il témoignait une vive inquiétude au sujet de ma légère entaille, malgré tout ce que je fis pour lui prouver que c'était moins grave que tant de déchirures causées par les branches ou les épines, que nous avions jadis reçues en allant ensemble cueillir les mûres.

Les fanatiques, bien qu'ils eussent été repoussés, n'étaient pas gens à s'en tenir à une première défaite.

Ils avaient perdu dix des leurs, y compris leur

chef, sans arriver à forcer notre ligne, mais cet échec ne servit qu'à exaspérer leur furie.

Ils se rassemblèrent, haletants, dans une aile de l'église, pendant une ou deux minutes.

Puis, poussant un hurlement de rage, ils s'élancèrent une seconde fois et firent un effort désespéré pour se frayer un passage jusqu'à l'autel.

Cette fois, la lutte fut plus acharnée, plus prolongée que la première.

Un de nos hommes reçut un coup de poignard au cœur, à travers les barreaux et tomba sans pousser un gémissement.

Un autre fut étourdi par un bloc de maçonnerie que lança sur lui un gigantesque montagnard.

Ruben fut jeté à terre d'un coup de massue, et il aurait été traîné au dehors et haché en morceaux, si je ne m'étais pas dressé au-dessus de lui et si je n'avais pas écarté ses adversaires.

Sir Gervas perdit l'équilibre sous le flot des assaillants, mais quoiqu'étendu à terre, il se débattait comme un chat sauvage blessé, frappant furieusement tout ce qui se trouvait à sa portée.

Buyse et Saxon, dos à dos, se tenaient debout solidement au milieu de la foule bouillonnante, qui s'élançait sur eux, et chacun de leurs coups d'épée lancés à toute volée abattait son homme.

Mais dans une pareille lutte, le nombre devait

l'emporter, et pour ma part je dois reconnaître que je commençais à avoir des craintes sur le dénoûment de notre querelle, quand les pas lourds d'une troupe disciplinée résonnèrent dans la cathédrale.

C'étaient les mousquetaires du baronnet qui arrivaient en hâte par la nef centrale.

Les fanatiques n'attendirent pas leur charge.

Ils s'enfuirent par dessus les bancs, les stalles, poursuivis par nos alliés furieux de voir à terre leur bien-aimé capitaine.

Il y eut une ou deux minutes d'effarements, des bruits de pas, des coups de poignard, des plaintes sourdes, des fracas de crosses de mousquets tombant sur les dalles de marbre.

Parmi les émeutiers, quelques-uns furent tués, mais les plus grand nombre jetèrent leurs armes et furent arrêtés sur l'ordre de Lord Grey.

En même temps, une forte garde fut placée aux portes, pour s'opposer à toute nouvelle explosion de la rage sectaire.

Lorsqu'enfin la cathédrale fut vide et l'ordre rétabli, nous pûmes à loisir regarder autour de nous et nous rendre compte de ce que nous avions souffert.

Dans toutes mes pérégrinations, dans les nombreuses guerres auxquelles j'ai pris part, à côté desquelles cette affaire de Monmouth ne fut qu'une simple escarmouche, je ne vis jamais scène plus étrange ou plus émouvante.

A la faible et solennelle lueur, le tas de cadavres en avant de la grille, avec leurs membres tordus, leurs faces blêmes et contractées, avait un aspect fort mélancolique, des plus fantastiques.

La lumière du soir, passant par un des rares vitraux, qui n'avaient point été brisés, jetait de grandes taches d'un rouge vif et d'un vert livide sur l'amas de corps immobiles.

Quelques blessés étaient assis dans les stalles du premier rang ou gisaient sur les marches, demandant à boire d'une voix plaintive.

Aucun de ceux de notre petite troupe ne s'était tiré d'affaire sans égratignure.

Trois de nos hommes avaient été bel et bien égorgés ; un quatrième gisait assommé.

Buyse et Sir Gervas avaient de fortes contusions, Saxon une entaille au bras droit.

Ruben avait été abattu d'un coup de gourdin et aurait été certainement massacré sans la forte trompe de la cuirasse donnée par Sir Jacob Clancing qui avait détourné un violent coup de pique.

Quant à moi, ce n'est guère la peine d'en parler, mais j'entendais dans ma tête des bourdonnements comparables au chant de la bouilloire d'une ménagère, et ma botte était pleine de sang, ce qui était peut-être un bienfait involontaire. Sneckson, notre barbier de Havant, ne cessait-il pas de me corner aux oreilles qu'après une saignée je ne m'en trouverais que mieux.

Pendant ce temps, toutes les troupes avaient été réunies et on avait écrasé la mutinerie sans retard.

Sans doute il y avait parmi les Puritains bien des gens qui ne voulaient aucun bien aux Prélatistes, mais aucun, à part les fanatiques les plus écervelés, ne pouvait se dissimuler que la mise à sac de la Cathédrale armerait toute l'Eglise d'Angleterre et ruinerait la cause pour laquelle ils combattaient.

En tout cas, de grands ravages avaient été commis, car, pendant que la bande du dedans s'était occupée à briser tout ce qui se trouvait sous sa main, d'autres, au dehors, avaient abattu les corniches, les gargouilles, avaient même arraché le plomb qui couvrait la toiture et l'avait jeté en grandes feuilles à ceux d'en bas.

Ce dernier forfait servit du moins à quelque chose, car l'armée n'était pas trop bien approvisionnée de munitions.

Le plomb fut donc recueilli par l'ordre de Monmouth et on en fondit des balles.

On garda à vue quelque temps les prisonniers, mais on jugea imprudent de les punir, en sorte qu'on finit par leur pardonner, en les renvoyant de l'armée.

Le second jour de notre arrivée à Wells, comme le temps était enfin redevenu beau et ensoleillé, une revue générale de l'armée fut passée dans la campagne autour de la ville.

On trouva alors que l'infanterie comptait six régiments de neuf cents hommes, en tout cinq mille quatre cents.

Sur ce nombre, quinze cents étaient armés de mousquets ; deux mille étaient des piquiers, les autres armés de faux des paysans avec des fléaux et des maillets.

Quelques corps, comme le nôtre et celui de Taunton, pouvaient prétendre à passer pour des soldats, mais le plus grand nombre étaient encore des laboureurs et des artisans auxquels on aurait mis des armes à la main.

Et pourtant, mal armés, mal dressés, c'étaient toujours des Anglais pleins de vigueur et d'endurance, de courage et de zèle religieux.

Le léger et mobile Monmouth reprenait courage, en voyant leur attitude énergique, en écoutant leurs cordiales acclamations.

Comme je me trouvais à cheval près de son état-major, je l'entendis parler avec enthousiasme à ceux qui étaient à côté de lui et demander s'ils croyaient possible que ces beaux gaillards fussent battus par des mercenaires sans entrain.

— Qu'en dites-vous, Wade ? s'écria-t-il. Est-ce que nous ne verrons jamais un sourire sur la figure que vous faites ? Ne voyez-vous pas le sac de laine qui vous attend, lorsque vous jetez les yeux sur ces braves garçons ?

— Dieu me préserve de dire un seul mot pour

refroidir l'ardeur de Votre Majesté, répondit l'homme de loi, mais je me rappelle le temps où Votre Majesté, à la tête de mercenaires pareils à ceux de l'ennemi, tailla en pièces et mit en déroute des hommes aussi braves que ceux-ci au Pont de Bothwell.

— C'est vrai, c'est vrai, dit le Roi en passant la main sur son front par un geste qui lui était habituel quand il était vexé, fâché. C'étaient de vaillants hommes, les Covenantaires de l'Ouest. et pourtant ils n'ont pu résister au choc de nos bataillons. Mais ils n'étaient point dressés, tandis que ceux-ci savent combattre en ligne et exécuter un feu de file avec autant de précision qu'on peut le désirer.

— Quand même nous n'aurions ni un canon, ni un pétrinal, dit Ferguson, quand nous n'aurions pas même une épée, quand nous serions réduits à nos mains, le Seigneur nous donnerait la victoire, si cela semblait bon à ses yeux qui voient tout.

— Toutes les batailles sont affaire de chance, Votre Majesté, fit remarquer Saxon, dont le bras était entouré d'un mouchoir. Un incident heureux, une faute légère, un hasard que nul ne saurait prévoir peuvent survenir selon toute vraisemblance et faire pencher la balance. J'ai perdu alors que j'avais l'air de gagner et j'ai gagné quand j'étais sur le point de perdre. C'est une partie incertaine, et personne ne peut savoir comment elle tournera avant que la dernière carte soit abattue.

— Non, pas tant que les enjeux sont encore sur la table, dit Buyse de sa voix profonde et gutturale. Plus d'un général gagne ce que vous appelez la partie et cependant perd la belle.

— La partie, c'est la bataille, et la belle c'est la campagne, dit le Roi en souriant. Notre ami allemand est un maître en métaphores de bivouac. Mais je trouve que nos pauvres chevaux sont dans un piteux état. Que dirait notre cousin Guillaume, là-bas, à la Haye, s'il voyait un pareil défilé ?

Pendant cet entretien, la longue colonne d'infanterie avait défilé jusqu'au bout, portant encore les étendards avec lesquels elle était venue à la guerre, mais fort endommagés par le vent et les intempéries.

Les remarques de Monmouth avaient été provoquées par l'aspect des dix escadrons de cavalerie qui suivaient les fantassins.

Les chevaux avaient été terriblement fatigués par le travail continuel et la pluie incessante.

Les cavaliers, ayant laissé la rouille atteindre leurs casques et leurs cuirasses, avaient l'air aussi mal en point que leurs montures.

Il était évident pour le moins expérimenté d'entre nous que, si nous voulions tenir bon, nous devions surtout compter sur notre infanterie.

Le reflet des armes, se multipliant sur les crêtes des basses collines, tout autour de nous, et brillant çà et là, quand les rayons du soleil les frappaient, nous montraient combien l'ennemi était fort sur le point même qui était le plus faible de notre côté.

Mais en somme cette revue de Wells nous ragaillardit, car elle nous fit voir que les hommes conservaient leur entrain, et qu'ils ne nous en voulaient pas de la rude façon dont nous avions traités les fanatiques de la veille.

La cavalerie de l'ennemi voltigea autour de nous, pendant ces jours-là, mais son infanterie avait été retardée par le mauvais temps et le débordement des cours d'eau.

Le dernier jour de Juin, on partit de Wells et on traversa des plaines égales, couvertes de roseaux.

Puis on franchit les basses collines de Polden, pour arriver Bridgwater, où nous attendaient quelques recrues.

Monmouth songea un instant à y faire halte et commença même à élever quelques ouvrages de terre, mais on lui fit remarquer que lors même qu'il pourrait tenir bon dans la ville, il ne s'y trouvait des provisions que pour peu de jours.

Le pays environnant avait été nettoyé si complètement qu'on ne devait guère s'attendre à retirer davantage.

Les ouvrages furent donc abandonnés.

Ainsi donc, bel et bien réduits aux abois, sans la moindre fente pour nous échapper, nous attendîmes l'approche de l'ennemi.

III

Du grand cri qui part d'une maison isolée.

Là se terminent nos marches et contre-marches monotones.

Nous étions cette fois au pied du mur, ayant en face de nous toutes les forces du gouvernement.

Il ne nous arrivait aucune nouvelle d'un soulèvement, d'un mouvement en notre faveur dans une partie quelconque de l'Angleterre.

Partout, les Dissenters étaient jetés en prison, et l'Eglise avait le dessus.

La milice des comtés, dans le Nord, dans l'Est, dans l'Ouest, marchait contre nous.

Six régiments hollandais, prêtés par le Prince d'Orange, étaient arrivés à Londres et on disait qu'il y en avait d'autres en route.

La capitale avait mis sur pied dix mille hommes.

Partout on enrôlait, on marchait pour renforcer l'élite de l'armée anglaise, qui était déjà dans le comté de Somerset.

Et tout cela dans le but d'écraser cinq ou six mille pieds terreux et pêcheurs, à demi armés, sans un penny, prêts à sacrifier leurs existences pour un homme et pour une idée.

Mais c'était une idée noble, une de celles qui méritent amplement qu'on leur sacrifie tout et qu'on se dise que c'était un sacrifice bien placé.

En effet, ces pauvres paysans auraient éprouvé de grandes difficultés à dire, dans leur langage pauvre et gauche, toutes leurs raisons, mais au plus profond de leur cœur, il y avait la certitude, le sentiment qu'ils luttaient pour la cause de l'Angleterre, qu'ils défendaient la véritable personnalité de leur pays contre ceux qui voulaient détruire les systèmes de jadis, grace auxquels elle avait marché à la tête des nations.

Trois ans plus tard, on vit cela clairement.

Alors on reconnut que nos compagnons illettrés avaient aperçu et apprécié les signes du temps avec plus de justesse que ceux qui se disaient leurs supérieurs.

Il y a, selon mon opinion, des phases du progrès humain, auxquelles convient admirablement l'Eglise Romaine.

Lorsque l'intelligence d'une nation est jeune, il est peut-être préférable qu'elle ne s'occupe point d'affaires spirituelles, qu'elle s'appuie sur l'antique support de la coutume et de l'autorité.

Mais l'Angleterre avait rejeté ses langes et était devenue une pépinière d'hommes énergiques et de penseurs, disposés à ne s'incliner devant aucune autre autorité que celle que reconnaissaient leur raison et leur conscience.

C'était une tentative désespérée, inutile, et folle que de vouloir ramener les gens à une croyance que leur développement avait dépassée.

Et c'était pourtant une tentative de ce genre qui se faisait, avec l'appui d'un Roi bigot, qui avait pour alliée une Eglise puissante et opulente.

Trois ans plus tard, la Nation comprit cela et le Roi s'enfuit devant la colère de son peuple, mais présentement, plongé dans sa torpeur après les longues guerres civiles et le règne corrompu de Charles, la masse de la nation n'était pas en mesure de se rendre compte quel était l'enjeu.

Elle se tourna contre ceux qui l'avertissaient, ainsi qu'un homme emporté s'en prend au porteur de fâcheuses nouvelles.

N'y a-t-il pas de quoi s'étonner, mes chers enfants, quand on voit une pensée, qui n'était qu'une sorte de vague fantôme, prendre une forme vivante et se transformer en la réalité la plus tragique.

A un bout de la chaîne est un roi qui s'opiniatre dans un thème de doctrine.

A l'autre, six mille hommes prêts à tout, persécutés, pourchassés d'un comté à l'autre, et qui, enfin, réduits aux abois, se dressent sur les landes désolées de Bridgwater, leur cœur aussi plein d'amertume et de désespoir que s'ils étaient des bêtes de proie traquées.

La théologie d'un roi est chose dangereuse pour ses sujets.

Mais si l'idée, pour laquelle ces pauvres gens combattaient, était digne, que dirons-nous de l'homme qui avait été choisi comme champion de leur cause ?

Hélas, fallait-il que de tels hommes eussent un tel chef !

Oscillant contre les cimes de la confiance et les abîmes du désespoir, un jour faisant choix de ses conseillers d'état, et le lendemain parlant d'abandonner secrètement l'armée, il parût dès le premier jour possédé du démon même de l'inconstance.

Et pourtant il avait acquis une belle réputation avant son entreprise.

En Ecosse, il avait conquis une renommée magnifique, non seulement par sa victoire, mais encore par la modération, la pitié avec laquelle il avait traité les vaincus.

Sur le Continent, il avait commandé une brigade anglaise d'une manière qui lui avait valu les éloges de vieux soldats de Louis et de l'Empire.

Et pourtant, maintenant que sa tête et sa fortune étaient en jeu, il était faible, irrésolu, poltron.

Selon le langage de mon père, « toute vertu s'était écartée de lui ».

Je le déclare, quand je l'ai vu chevauchant au milieu de ses troupes, la tête penchée sur sa poitrine, avec la figure d'un pleureur à un enterrement, jetant une atmosphère de sombre désespoir tout autour de lui, j'ai senti qu'un pareil homme, même s'il réussissait, ne porterait jamais la couronne des Tudors ou des Plantagenets, mais qu'elle lui serait arrachée par une main plus forte, peut-être celle d'un de ses propres généraux.

Je rendrai cette justice à Monmouth de dire que depuis le jour où il fut enfin décidé qu'on livrerait bataille, et cela pour l'excellente raison qu'il était impossible de faire autrement, il montra un caractère plus digne d'un soldat et d'un homme.

Pendant les premiers jours de juillet, aucun moyen ne fut négligé pour donner du cœur à nos troupes et les raffermir en vue de la prochaine bataille.

Du matin au soir, nous étions à l'œuvre, apprenant à notre infanterie à se former en masses compactes pour recevoir une charge de cavalerie, à s'appuyer les uns sur les autres, à attendre les ordres de leurs officiers.

Le soir, les rues de la petite ville, depuis la pelouse du château jusqu'au pont sur la Parret, retentissaient de prières et de sermons.

Les officiers n'eurent plus de désordres à combattre, car les troupes les répugnaient ellesmêmes.

Un homme, qui s'était montré dans les rues échauffé par le vin, faillit être pendu par ses camarades, qui finirent par le chasser de la ville comme indigne de combattre dans ce qu'ils regardaient comme une sainte querelle.

Quant à leur courage, il n'y avait pas lieu de l'exciter, car ils étaient aussi intrépides que des lions, et le seul danger à craindre était une témérité capable de les entrainer à de folles entreprises.

Ils souhaitaient de fondre sur l'ennemi comme une horde de fanatiques musulmans, et ce n'était pas chose aisée que d'imposer par l'exercice, à des gaillards à tête aussi chaude, le sang-froid et la prudence qu'exige la guerre.

Le troisième jour de notre halte à Bridgwater, les provisions diminuèrent d'inquiétante façon par suite de ce fait, que nous avions déjà épuisé auparavant cette région, grâce aussi à la vigilance de la cavalerie royale, qui battait le pays et nous coupait les vivres.

Lord Gray décida donc d'envoyer deux escadrons, à la faveur de la nuit, faire tout ce qu'ils pourraient pour regarnir notre garde-manger.

Le commandement de cette petite expédition fut confié au Major Hooker, vieux soldat des Gardes du Corps, au langage grossier et bref, qui s'était rendu utile en imposant une sorte d'ordre à ces fortes têtes qu'étaient les fermiers et les yeomen.

Sir Gervas Jérôme et moi, nous demandâmes à Lord Grey à faire partie de la troupe de fourrageurs.

Cette faveur nous fut accordée avec empressement, car on ne se remuait guère dans la ville.

Nous partîmes de Bridgport à onze heures par une nuit sans lune, dans l'intention de reconnaître le pays du côté de Boroughbridge et d'Athelney.

Nous étions prévenus qu'il n'y avait pas de grandes forces ennemies dans cette région, que c'était un pays fertile et où nous pouvions compter sur des quantités suffisantes de provisions.

Nous emmenions avec nous quatre charrettes vides, pour emporter ce que notre bonne chance nous ferait trouver.

Notre commandant décida qu'un escadron marcherait devant les charrettes, et un autre derrière, avec une petite troupe d'avant-garde sous les ordres de Sir Gervas, qui le précéderait de quelques centaines de pas.

Nous sortîmes de la ville dans cet ordre au moment où résonnaient les derniers coups de clairon et nous suivîmes à grand train les routes sombres et silencieuses, en faisant apparaître aux fenêtres des cottages, qui bordaient les chemins, des figures anxieuses, qui nous regardaient disparaître dans l'obscurité.

Cette chevauchée se représente très distinctement à mon esprit lorsque j'y pense.

Le noir contour des saules taillés en têtards passe rapidement devant nous.

La brise gémit à travers les osiers.

Les silhouettes vagues et confuses des soldats, le choc sourd des fers sur le sol, le tintement des fourreaux contre les étriers, autant de souvenir de ces temps passés que l'œil et l'oreille peuvent également évoquer.

Le baronnet et moi nous marchions en tête, côte à côte.

Ses légers propos où il contait l'existence qu'on mène à la ville, les fragments de chansons ou de tirades empruntés à Cowley ou à Waller, étaient un véritable baume de Galaad pour mon humeur sombre et pas très sociable.

— On se sent vraiment vivre, en une nuit comme celle-ci, disait-il, pendant que nous aspirions l'air frais de la campagne avec les senteurs des moissons et du lapereau. Par ma foi ! Clarke, mais il y a de quoi être jaloux de vous, qui êtes né et avez vécu à la campagne. Quels plaisirs la ville peut-elle offrir qui vaillent les dons généreux de la nature, à la condition toutefois qu'on y trouve à sa portée un perruquier, un marchand de tabac à priser, un parfumeur, et un ou deux tailleurs passables? Joignons-y un bon café, un théâtre, et je crois que je pourrais m'arranger pour mener pendant quelques mois une vie simple, pastorale.

— A la campagne, dis-je en riant, nous avons toujours la sensation que le séjour des villes a pour effet d'exprimer sous le poids de la science et de la philosophie tout ce qu'il y a de véritable vie dans l'homme.

— Ventre Saint-Gris, ce que j'y ai acquis de science et de philosophie se réduit à bien peu de chose, répondit-il. A dire vrai, j'ai plus vécu et j'en ai appris davantage en ces quelques semaines que nous avons passées à faire des glissades sous la pluie, en compagnie de vos gars en guenilles, que je n'en appris jamais au temps où j'étais page à la Cour, où j'avais sous mes pieds la boule de la fortune. C'est chose fâcheuse pour l'esprit d'un homme que de n'avoir pas de préoccupation plus grave que la façon de tourner un compliment ou de danser une courante. Pardieu! mon garçon, j'ai de grandes obligations à votre charpentier. Ainsi qu'il le dit dans sa lettre, à moins qu'un homme n'arrive à mettre en œuvre ce qu'il y a de bon en lui, il a moins de valeur qu'une de ces volailles que nous entendons caqueter, car elles, du moins, remplissent leur destination, ne fût ce qu'en pondant des œufs. Diable, voilà que je me fais prêcheur. C'est une religion nouvelle pour moi.

— Mais, dis-je, quand vous étiez dans l'opulence, vous avez dû vous rendre utile à quelqu'un. Sans cela comment peut-on dépenser tant d'argent et ne s'en trouver pas plus avancé?

— Ah! cher et bucolique Micah! s'écria-t-il avec un rire joyeux, parlerez-vous toujours de ma pauvre fortune en retenant votre souffle en baissant la voix avec respect comme s'il s'agissait des trésors de l'Inde? Vous ne sauriez vous imaginer avec quelle facilité un sac d'écus prend des ailes et s'envole. Il est vrai que l'homme qui dépense l'argent ne le mange pas et qu'il se borne à le transmettre à un autre qui en tire parti. Mais notre tort consistait en ce que nous transmettions notre argent à des gens qui ne le méritaient point et qu'ainsi nous faisions vivre une classe inutile et débauchée au détriment des professions honnêtes. Par ma foi, mon garçon, quand je pense aux essaims de parasites mendiants, d'entremetteurs de débauche, de bravaches fendeurs de nez, d'avaleurs de crapauds, de flatteurs que nous avions formés, je sens qu'en couvant une nichée pareille de ces êtres venimeux, notre argent a fait un mal qu'aucune somme d'argent ne saurait défaire, n'ai-je pas vu de ces gens là sur trente rangs de profondeur, à mon petit lever, rampant autour de mon lit...

— Autour de votre lit ! m'écriai-je.

— Oui, c'était la mode, de recevoir au lit, en chemise de batiste ornée de dentelles et en perruque, bien que par la suite il ait été admis qu'on pouvait recevoir assis dans sa chambre, mais en costume *négligé*, robe de chambre et pantoufles.

La mode est un terrible tyran, Clarke, bien que son bras ne s'étende jamais jusqu'à Havant.

L'homme désœuvré de la ville doit soumettre sa vie à une certaine règle. Aussi devient-il l'esclave de la loi que fait la mode.

Personne, à Londres, n'y fut plus docile que moi.

J'étais très réglé dans mes irrégularités, très rangé dans mes désordres.

Au coup de onze heures, mon valet apportait la coupe d'hypocras du matin, chose excellente pour les maux de tête, et un très léger repas, un filet d'ortolan, une aile de canard.

Puis venait le lever.

Vingt, trente, quarante individus de la classe dont j'ai parlé, sans doute il pouvait s'y trouver çà et là d'honnêtes gens dans l'indigence, des gens de lettres besogneux en quête d'une guinée, un pédant sans élève, la tête pleine d'érudition antique, mais les poches mal garnies de monnaie moderne.

Cela tenait non seulement à ce qu'on me reconnaissait quelque influence personnelle, mais encore parce qu'on savait que j'avais accès facile auprès de Mylord Halifax, de Sidney Godolphin, de Lawrence Hyde, et d'autres dont la volonté suffisait pour faire ou défaire un homme.

Remarquez-vous ces lumières sur la gauche? Ne serait-il pas à propos d'aller voir si nous ne pourrions pas y trouver quelque chose?

— Hooker a des ordres pour se rendre à une certaine ferme, répondis-je. Nous pourrions visiter celle-ci à notre retour, si nous en avions le temps. Nous repasserons par ici avant le jour.

— Il faut que nous ayons des vivres, dit-il, dussé-je aller à cheval jusque dans le Surrey. Je veux être pendu, si j'ose regarder en face mes mousquetaires à moins de leur rapporter quelque chose à faire rôtir au bout de leur baguette.

Ils n'avaient rien eu de plus savoureux à se mettre sous la dent que leurs balles, au moment où je les ai quittés.

Mais je parlais de ma vie d'autrefois à Londres.

Notre journée était bien remplie.

Un homme de qualité avait-il du goût pour le Sport? Il y avait toujours de quoi l'intéresser.

Il pouvait aller voir tirer à l'épée à Hockley, ou les combats de corps à Shoe-Lane, ou les combats d'animaux à Southwark, ou aller tirer à la cible de Tothill Fields.

Ou bien encore il pouvait faire un tour aux jardins des plantes médicinales de Saint-James, ou profiter de la marée basse pour aller par la rivière jusqu'aux vergers de cerisiers de Rotherhithe, ou se rendre en voiture à Islington pour boire la crème, mais il lui fallait avant tout sa promenade dans le Parc, ce qui est le dernier mot de la mode pour un gentleman fashionable dans sa tenue.

Vous le voyez, Clarke, nous étions des gens fort actifs, dans notre désœuvrement, et ce n'étaient pas les occupations qui nous manquaient.

Puis, le soir venu, il y avait les théâtres pour nous attirer, les jardins de Dorset, Lincoln's Inn, Drury-Lane, le théâtre de la Reine, et entre les quatre, il s'en trouvait bien un qui procurât quelque amusement.

— Là du moins, dis-je, votre temps était bien employé, vous ne pouviez écouter les grandes pensées et les phrases sublimes de Shakespeare, de Massinger, sans en sentir en votre âme quelque effet.

Sir Gervas eut un rire silencieux.

— Vous me rafraichissez autant que cet air délicieux de la campagne, Micah, dit-il. Sachez-le donc, grand cher enfant que vous êtes. Si nous fréquentions le théâtre, ce n'était point pour voir les pièces.

— Pourquoi donc, au non du Ciel ? demandai-je.

— Pour nous voir les uns les autres, répondit-il. La mode exigeait, je vous l'assure, qu'un homme fashionable restât debout, tournant le dos à la scène depuis que le rideau se levait jusqu'à ce qu'il tombât.

C'était les vendeuses d'oranges à taquiner, et je vous réponds qu'elles ont la langue bien pendue, ces donzelles.

C'étaient les masques du parterre, dont les petits loups noirs invitaient à l'indiscrétion.

C'étaient les beautés de la ville, les célébrités de la Cour, autant de cibles pour nos monocles.

La pièce! Oui vraiment, pardieu, nous avions mieux à faire que d'écouter des alexandrins ou d'apprécier le mérite des hexamètres!

Il est vrai que si la Jeune dansait, si Mistress Bracegirdle ou Mistress Oldfield paraissaient en scène, nous faisions entendre nos bourdonnements ou nos battoirs, mais ce que nous applaudissions, c'était la beauté de la femme plutôt que l'actrice.

— Et la pièce finie, vous alliez sans doute souper, puis vous coucher.

— Souper? Oui certes. On allait parfois à la maison du Rhin, d'autres fois chez Pontack dans Abchurch-Lane. Chacun avait ses préférences à ce point de vue.

Puis c'étaient les dés et les cartes chez le Groom Porter, le piquet, le hasard, le primero, à votre choix.

Ensuite vous pouviez rencontrer l'univers entier dans les cafés, où l'on servait souvent un arrière-souper aux os grillés et fortement épicés et aux prunes, pour dissiper les vapeurs du vin.

Ah ! ma foi ! Micah, si les juifs voulaient bien desserrer leurs griffes, ou si cette guerre nous portait quelque chance, vous devriez venir à la ville avec moi et voir toutes ces choses-là par vous-même.

— A parler franchement, cela ne me tente guère, répondis-je. J'ai le caractère lent et solennel, et dans les scènes de cette sorte je ferais l'effet d'une tête de mort sur la table du festin.

Sir Gervas allait répondre quand tout à coup le silence de la nuit fut déchiré par un cri très long, perçant, qui fit frémir jusqu'aux dernières fibres de notre corps.

Jamais je n'entendis une clameur empreinte d'une pareille angoisse.

Nous arrêtâmes nos chevaux.

Nos hommes en firent autant derrière nous, et nous attendîmes l'oreille pour saisir quelque indice qui nous fît connaître de quel côté venait ce bruit.

Les uns étaient d'avis qu'il partait de notre droite et les autres que c'était de notre gauche.

Bientôt il retentit de nouveau, violent, aigu, comme un cri d'agonie.

C'était celui d'une femme qui expire dans la souffrance.

— C'est par ici, Major Hooker, cria Sir Gervas se dressant sur ses étriers et sondant les ténèbres du regard. Il y a une maison au delà des deux champs. J'aperçois une faible lumière, comme celle d'une fenêtre dont les volets seraient fermés.

— N'allons-nous pas y courir sans retard demandai-je avec impatience, car notre commandant restait impassible sur son cheval, comme s'il ne savait pas du tout quel parti prendre.

— Je suis ici, Capitaine Clarke, dit-il, pour amener des vivres à l'armée, et je n'ai en aucune manière le droit de me détourner de mon trajet pour m'occuper d'autres incidents.

— Par la mort, mon homme! s'écria Sir Gervas. Il y a une femme en danger. Major, vous n'allez pas poursuivre votre route en la laissant appeler vainement au secours? Ecoutez, c'est encore elle.

Et comme il parlait encore, le cri de détresse partit de nouveau de la maison isolée.

— Non, je ne peux en supporter davantage, m'écriai-je.

Mon sang bouillonnait dans mes veines.

— Major Hooker, allez exécuter vos ordres, mon ami et moi nous vous quitterons ici. Nous saurons justifier notre manière d'agir devant le Roi. Venez, Sir Gervas.

— Remarquez-le, c'est bel et bien de la mutinerie, Capitaine Clarke. Vous êtes sous mes ordres, et si vous me quittez, ce sera à vos risques et périls.

— En pareille circonstance, je me soucie de tes ordres autant que d'un liard, repartis-je avec vivacité.

Faisant faire demi-tour à Covenant, je le lançai d'un coup d'éperon dans un sentier étroit, labouré d'ornière profonde qui conduisait à la maison, suivi de Sir Gervas et de deux ou trois soldats.

Au même instant, j'entendis Hooker donner un ordre d'un ton bref, et les roues grincer, ce qui me prouva qu'il ne comptait plus sur nous, et qu'il s'était remis en route pour accomplir sa mission.

— Il a raison, dit le baronnet pendant que nous suivions le sentier. Saxon ou tout autre vieux soldat, le louerait de son esprit de discipline.

— Il y a des choses qui l'emportent sur la discipline, dis-je à demi-voix. Il m'était impossible d'aller plus loin en abandonnant cette pauvre créature dans la détresse. Mais voyez, qu'est-ce que ceci ?

En face de nous se dessinait une masse sombre.

En approchant, nous reconnûmes que c'étaient quatre chevaux attachés par la bride à la haie.

— Des chevaux de la cavalerie, Capitaine

Clarke, s'écria un des soldats, qui avaient mis pied à terre pour les regarder de près. Ils portent la selle et les harnais du gouvernement. Voici une grille de bois. Elle ouvre sur un chemin qui aboutit à la maison.

— Alors il vaut mieux descendre, dit Sir Gervas en sautant à bas et attachant son cheval à côté des autres. Mes gars, restez près des chevaux, et si nous appelons, venez à notre aide. Sergent Holloway, vous pouvez nous accompagner. Prenez vos pistolets.

IV

L'escrimeur à la jaquette brune.

Le sergent, qui était un grand gaillard osseux des campagnes de l'ouest, poussa la grille, et nous suivions le sentier tortueux, quand un flot de lumière jaune jaillit par une porte ouverte tout à coup.

Nous vîmes alors une silhouette noire et trappue qui s'élança par là à l'intérieur.

Au même moment s'entendit un bruit assourdissant, confus, suivi de deux détonations de pistolet, et d'un vacarme de cris, d'haleines entrecoupées, d'un froissement d'épées, d'un orage de jurons.

Ce tapage subit nous fit hâter le pas vers la maison.

Nous jetâmes un coup d'œil par la porte ouverte et nous vîmes une scène telle que je ne l'oublierai jamais, tant que ma vieille mémoire sera capable d'évoquer un tableau du passé.

La chambre était vaste et haute.

Aux solives brunies par la fumée étaient suspendues, comme c'est la coutume dans le comté de Somerset, de longues rangées de jambons et de viandes salées.

Une haute et noire horloge faisait tic-tac dans un angle.

Une table grossière, chargée de plats et d'assiettes comme pour un repas, occupait le milieu.

Juste en face de la porte brûlait un grand feu de fagots, et devant ce feu, chose horrible à voir, un homme était suspendu, la tête en bas, par une corde qui entourait ses chevilles, et qui, après avoir été passée dans un crochet d'une des solives du plafond, était maintenue par un anneau du plancher.

Ce malheureux, en se débattant, avait imprimé à la corde un mouvement de rotation, en sorte qu'il tournait devant le brasier comme un quartier de viande mise à rôtir.

En travers du seuil gisait une femme, celle dont les cris nous avaient attirés, mais sa figure rigide et son corps contracté montraient que notre aide était venu trop tard pour la soustraire au traitement qu'elle voyait prêt à fondre sur elle.

Tout près d'elle gisaient l'un sur l'autre deux dragons au teint basané, vêtus de l'uniforme d'un rouge criard que portait l'armée royale, et jusque dans la mort, ils avaient gardé l'air sombre et plein de menace.

Au centre de la pièce deux autres dragons s'escrimaient d'estoc et de taille, avec leurs sabres contre un homme gros, court, aux larges épaules, vêtu d'une étoffe à côtes d'un tissu grossier, de couleur brune.

Il bondissait parmi les chaises, autour de la table tenant en main une longue rapière à coquille pleine, parant ou esquivant les coups avec une adresse merveilleuse, et de temps à autre mettant un coup de pointe au bon endroit.

Quoique serré de fort près, sa figure contractée, sa bouche ferme, l'éclat de ses yeux bien ouverts révélaient un caractère hardi.

En même temps, le sang qui coulait de la manche d'un de ses adversaires prouvait que la lutte n'était pas aussi inégale qu'elle le paraissait.

Au moment même où nous regardions, il fit un bond en arrière pour éviter une attaque à fond des soldats furieux, et d'un coup sec, rapide, lancé obliquement, il trancha la corde par laquelle la victime était suspendue.

Le corps tomba avec un bruit lourd, sur le sol de briques, pendant que le petit escrimeur ne tardait pas à recommencer sa danse dans un autre endroit de la chambre, sans cesser de parer ou d'esquiver, avec autant d'aisance et d'adresse, la grêle de coups qui tombaient sur lui.

Cette étrange scène nous tint quelques secondes

dans une sorte d'immobilité magique, mais ce n'était pas le moment de s'attarder.

Une glissade, un faux pas, et le vaillant inconnu succombait fatalement.

Nous nous élançâmes dans la chambre, sabre en main, et fondîmes sur les dragons.

Devenus alors inférieurs en nombre, ils s'adossèrent dans un coin et frappèrent avec fureur.

Ils savaient qu'ils n'avaient pas de quartier à attendre après la besogne diabolique qu'ils avaient commencée.

Holloway, notre sergent de cavalerie, se portant furieusement en avant, s'exposa à un coup de pointe qui l'étendit mort sur le sol.

Avant que le dragon ait eut le temps de ramener son arme, Sir Gervas l'abattit,

En même temps l'inconnu passa sous la garde de son antagoniste et le blessa mortellement à la gorge.

Pas un des quatre habits rouges ne s'échappa vivant, mais les corps de notre pauvre sergent et des vieux époux qui avaient été les premières victimes ajoutaient à l'horreur de la scène.

— Le pauvre Holloway est mort, dis-je en posant la main sur son cœur. Vit-on jamais pareille boucherie ? Je me sens écœuré, malade.

— Voici de l'eau de vie, si je ne me trompe, cria l'inconnu en montant sur une chaise et prenant une bouteille sur une étagère. Et même elle est bonne, à en juger par le bouquet. Prenez une gorgée, vous êtes aussi blanc qu'un drap qu'on vient de laver.

— La guerre loyale, je puis m'y faire, mais des scènes comme celle-ci me glacent le sang, répondis-je en avalant une lampée du flacon.

J'étais alors un fort jeune soldat, mes chers enfants, mais j'avoue que jusqu'à la fin de mes campagnes, toutes les formes de la cruautés ont produit le même effet sur moi.

Je vous en donne ma parole, quand j'allai à Londres, l'automne dernier, la vue d'un cheval qui tire une charette, succombant sous l'effort, dont les os sont à nu, et qu'on cingle pour n'avoir pas fait ce qu'il était hors d'état de faire, m'a plus profondément écœuré que le champ de bataille de Sedgemoor, ou la journée plus importante encore de Landen, ou dix mille jeunes gens, la fleur de la France, gisaient devant les retranchements.

— La femme est morte, Sir Gervas, et le mari n'en reviendra pas, je le crains. Il n'est pas brûlé, mais, autant que je puis en juger, le pauvre diable mourra des suites de l'afflux du sang à la tête.

— Si ce n'est que cela, remarqua l'étranger, on peut le guérir.

Et tirant de sa poche un petit couteau, il releva une des manches du vieillard et ouvrit une veine.

D'abord quelques gouttes de sang parurent

avec lenteur par l'ouverture, mais peu à peu le sang coula plus librement, et le malade manifesta des indices du retour de la sensibilité.

— Il vivra, dit le petit escrimeur en remettant sa lancette dans sa poche, et maintenant qui donc êtes-vous, vous à qui je dois cette intervention qui a hâté le dénouement, sans y changer grand'chose peut-être, dans le cas où vous nous auriez laissés nous arranger entre nous ?

— Nous faisons partie de l'armée de Monmouth, répondis-je. Il fait halte à Bridgwater et nous battons le pays à la recherche de vivres.

— Et vous, qui êtes-vous ? demanda Sir Gervas, et comment vous êtes-vous mêlé à cette échauffourée ? Par ma foi, vous êtes un fameux petit coq pour avoir livré bataille à quatre coqs de cette taille.

— Je me nomme Hector Marot, dit l'homme, en nettoyant ses pistolets et les rechargeant avec grand soin. Quant à ce que je suis, cela importe peu. Je me bornerai à dire que j'ai contribué à diminuer de quatre coquins la cavalerie de Kirke. Jetez un coup d'œil sur ces figures. La mort ne leur a point fait perdre la couleur brune qu'elles doivent à un ardent soleil. Ces hommes-là ont appris la guerre en combattant contre les païens d'Afrique, et maintenant ils mettent en pratique sur de pauvres Anglais inoffensifs les tours diaboliques qu'ils ont connus parmi les sauvages. Que le Seigneur ait pitié des partisans de Monmouth en cas de défaite. Cette racaille est plus à craindre que la corde du gibet ou la hache du bourreau.

— Mais comment vous êtes-vous trouvé là juste à l'instant opportun ? demandai-je.

— Ah ! voilà ! Je me promenais sur ma jument, le long de la route, quand j'entendis derrière moi des pas de chevaux. Je me cachai dans un champ, ainsi que tout homme prudent l'aurait fait, vu l'état où se trouve le pays en ce moment, et je vis ces quatre gredins passer au galop.

Ils se dirigèrent vers cette ferme, et bientôt des clameurs et d'autres indices me révélèrent la besogne infernale à laquelle ils se livraient.

Aussitôt je laissai ma jument dans le champ, et je me hâtai d'accourrir.

Je vis par la fenêtre qu'ils pendaient le vieux devant son feu pour lui faire avouer où il tenait son argent caché, et pourtant, à mon avis, ni lui ni les autres fermiers du pays ne doivent avoir encore de l'argent à cacher, après que deux armées ont été campées chez eux l'une après l'autre.

Voyant qu'il persistait à se taire, ils l'ont hissé en l'air, et certainement ils l'auraient fait griller comme une bécasse, si je n'étais pas survenu et n'avais pas descendu deux d'entre eux avec mes aboyeurs.

Les autres se sont jetés sur moi, mais j'en ai piqué un à l'avant-bras, et sans doute je leur aurais bien réglé leur compte à tous deux si vous n'étiez pas arrivés.

— Voilà qui a été gaillardement mené, m'écriai-je. Mais où donc ai-je déjà entendu prononcer votre nom, M. Hector Marot ?

— Ah ! répondit-il en jetant vivement un regard oblique, c'est ce que je ne saurais dire.

— Il m'est familier, dis-je.

Il secoua ses larges épaules et se remit à examiner l'amorce de ses pistolets, avec une expression où il y avait à la foi du défi et de l'embarras.

C'était un homme fort trapu, à la poitrine saillante, avec une figure farouche, une mâchoire carrée.

Une cicatrice blanche qui ressemblait à la trace d'une entaille faite avec un couteau traversait son front.

Il était coiffé d'un bonnet de cavalier, galonné d'or, et portait une jaquette de drap brun foncé, très salie par les intempéries, une paire de bottes montantes tachées de rouille, et une petite perruque ronde.

Sir Gervas qui, depuis un instant, considérait notre homme avec attention, eut un tressaillement soudain, et se donna une tape sur la cuisse :

— C'est tout naturel ! s'écria-t-il. Qu'on me

noie, si je pouvais me rappeler où j'avais vu votre figure, mais maintenant elle me revient fort clairement.

L'homme nous jeta tour-à-tour un regard sournois, tout en baissant la tête.

— Il paraît que je suis tombé parmi des connaissances, dit-il d'un ton farouche, et cependant je n'ai aucun souvenir de vous. M'est avis, mes jeunes messieurs, que votre mémoire vous trompe.

— Pas le moins du monde, répondit tranquillement le baronnet.

Puis, se penchant en avant, il dit à l'oreille de l'homme quelques mots qui eurent pour effet de le faire bondir et avancer de deux grands pas, comme pour s'esquiver de la maison.

— Non, non, s'écria Sir Gervas, en s'élançant entre lui et la porte, vous ne nous échapperez pas. Allons, mon garçon, ne portez pas la main à votre épée. Assez de sang versé pour une nuit. D'ailleurs nous ne voulons pas vous faire du mal.

— Que comptez-vous donc faire alors ? Où voulez-vous en venir ? demanda-t-il de l'air d'une bête féroce prise au piège.

— Je suis plein de bienveillance à votre égard, mon ami, après ce qui s'est passé cette nuit. Que m'importe que vous fassiez ceci ou cela pour vivre, du moment où vous avez un vrai cœur d'homme ? Que je périsse s'il m'est jamais arrivé d'oublier une figure que j'ai vue une seule fois, et votre bonne mine, surtout avec la marque professionnelle qu'elle porte, n'est guère de celles qui échappent à l'attention.

— Supposons que ce soit bien moi,... Et après? demanda l'homme d'un ton rébarbatif.

— Il n'y a pas de « supposons » je l'affirmerais sous serment. Mais je ne le ferais pas, mon garçon. Non, lors même que je vous prendrais sur le fait. Il faut que vous le sachiez, Clarke, puisqu'il n'y a personne pour surprendre nos paroles, jadis j'étais juge de paix dans le Surrey, et notre ami ici présent fut amené devant moi, sous l'imputation de se promener à cheval un peu tard pendant la nuit et de tenir aux passants un langage un peu trop bref. Vous me comprenez. Il fut déféré aux assises, mais auparavant il s'évada, et cela lui sauva le cou. J'en suis tout à fait enchanté, et vous conviendrez avec moi qu'un aussi galant homme n'est pas fait pour danser au bout d'une corde à Tyburn.

— Et maintenant je me rappelle bien où j'ai entendu votre nom, dis-je. N'étiez-vous pas détenu dans la prison du Duc de Beaufort à Badminton et n'avez-vous pas réussi à vous évader de la vieille tour des Botelers?

— Eh bien non, gentilshommes, répondit-il en s'asseyant sur la table et balançant sans façons ses jambes, puisque vous en savez aussi long, ce serait sottise de ma part que de vouloir vous tromper. Je suis, en effet, ce même Hector Marot, dont le nom répand la terreur sur la grande route de l'Ouest et qui a vu plus qu'aucun homme du Sud l'intérieur des prisons.

Toutefois je puis vous le dire avec franchise, bien que je *fasse* les grandes routes depuis dix ans, jamais je n'ai pris un denier à de pauvres gens, ni fait du mal à quiconque ne cherchait point à m'en faire. Au contraire, j'ai souvent risqué ma vie et mes membres pour tirer les gens de danger.

— Nous sommes en mesure de vous rendre témoignage de cela, répondis-je, car si ces quatre habits rouges ont expié leurs crimes, comme ils le méritaient, c'est grâce à vous plutôt qu'à nous.

— Non, je n'ai pas grand mérite à revendiquer pour cela, répondit notre nouvelle connaissance. La vérité, c'est que j'avais d'autres comptes à régler avec la cavalerie du colonel Kirke et que j'ai été charmé de cette occasion de me frotter à eux.

Pendant que nous causions, les hommes, que nous avions laissés avec les chevaux, vinrent accompagnés de plusieurs fermiers et métayers des environs.

Ils furent épouvantés à la vue du carnage, et fort inquiets de la vengeance que pourraient en tirer le lendemain les troupes royales.

— Au nom du Christ, monsieur, s'écria l'un d'eux, un vieux paysan à figure rougeaude, portons les cadavres de ces soldats sur la route, pour qu'ils aient l'air d'avoir péri dans une rencontre fortuite avec vos hommes. Si l'on venait à savoir qu'ils ont été tués dans une ferme, il ne resterait pas un toit de chaume en place dans tout le pays, car même maintenant on ne saurait croire combien nous avons de mal à empêcher ces diables de Tanger de nous couper la gorge.

— Sa demande est raisonnable, dit l'homme des grands chemins d'un ton de franchise bourrue. Nous n'avons aucunement le droit de faire nos farces et de faire payer l'écot aux autres.

— Eh bien, écoutez, dit Sir Gervas, s'adressant au groupe de paysans effrayés, je vais faire marché avec vous au sujet de l'affaire. Nous sommes venus pour chercher des vivres et on n'admettra guère que nous rentrions les mains vides.

Si vous consentez, entre vous tous, à nous fournir un char, à le remplir de pain, ainsi que de légumes, avec une douzaine de jeunes bœufs par-dessus le marché, non seulement nous vous délivrerons du souci de cette affaire, mais encore je vous promets que vous serez payés au prix ordinaire du marché, si vous venez chercher vôtre argent au camp protestant.

— Je peux donner les bœufs, dit le vieillard que nous avions secouru et qui était assez bien remis pour pouvoir rester assis. Maintenant que ma pauvre compagne a été cruellement assassinée, peu m'importe ce qui adviendra du bétail.

Je la verrai enterrer dans le cimetière de Durston.

Ensuite je vous suivrai au camp et je mourrai content si je peux seulement purger la terre d'un de ces diables incarnés.

— Bien dit, grand-papa ! s'écria Hector Marot. Je suis d'avis que cette vieille canardière que je vois accrochée là-bas, quand elle aura une bonne charge de plomb et qu'elle sera aux mains d'un homme hardi, pourra abattre un de ces beaux oiseaux, avec leur brillant plumage.

— Elle a été une compagne fidèle pour moi, dit le vieillard, dont les joues ridées étaient mouillées de larmes. Pendant trente semailles et trente moissons, nous avons travaillé ensemble. Mais voici des semailles qui produiront une moisson de sang si ma main droite est assez ferme.

— Si vous partez à la guerre, grand-père Swain, nous aurons soin de votre domaine, dit le fermier qui avait parlé le premier. Quant aux légumes que ce gentleman demande, il n'en aura pas une charrettée, mais trois, pourvu qu'il nous laisse une demi-heure pour les charger.

S'il ne les prend pas, d'autres les prendront. et nous préférons que tout cela aille à la bonne cause.

Par ici, Miles, réveillez les valets de ferme et veillez à ce qu'ils se hâtent de charger sur les voitures la provision de pommes de terre, puis les épinards, et aussi la viande séchée.

— Alors nous n'avons qu'à faire notre part du contrat, dit Hector Marot.

Avec l'aide de nos hommes, nous traînâmes du dehors les cadavres des quatre dragons et de notre sergent et les étendîmes en travers du chemin à quelque distance de là.

Nous promenâmes les chevaux autour des corps et entre eux de façon à pétrir le sol, et à faire croire à une escarmouche de cavalerie.

Pendant cette besogne, d'autres valets de ferme avaient lavé le sol de briques de la cuisine et fait disparaître toutes traces du tragique événement.

La femme assassinée avait été montée dans sa chambre, en sorte qu'il ne restait plus rien pour rappeler ce qui s'était passé, si ce n'est le malheureux fermier.

Il était assis au même endroit, l'air désolé, le menton appuyé sur ses mains noueuses, déformées par le travail, les yeux mornes et vides, regardant devant lui, sans rien voir de ce qui se faisait autour de lui.

Le chargement des chars fut prestement opéré et le petit troupeau de bœufs fut bientôt amené d'un champ voisin.

Nous allions nous remettre en route quand

un jeune paysan à cheval arriva nous annonçant qu'un escadron de la cavalerie royale se trouvait entre le camp et nous.

C'était-là une grave nouvelle, car nous étions sept en tout, et nous ne pouvions marcher qu'avec lenteur, tant que nous serions encombrés des provisions.

— Que faire pour Hooker ? suggérai-je. Ne ferions-nous pas bien de le rejoindre et de le prévenir ?

— Je pars tout de suite, dit le paysan. Je suis certain de le rencontrer s'il est sur la route d'Athelney.

Et sur ces mots, il éperonna son cheval et disparut au galop dans la nuit.

— Puisque nous avons de pareils éclaireurs de bonne volonté dans le pays, fis-je remarquer, il est aisé de savoir pour quel parti penchent les campagnards. Hooker a encore avec lui plus de deux demi-escadrons. Il pourra donc se défendre. Mais nous ? Comment ferons-nous pour revenir ?

— Eh bien, pardieu, Clarke, improvisons une forteresse, suggéra Sir Gervas. Nous pourrions tenir dans cette ferme jusqu'au retour d'Hooker et alors réunir nos forces aux siennes. Et maintenant notre redoutable colonel ne serait-il pas glorieux de cette chance de combiner des feux croisés, des feux de flanc et toutes les autres finesses que comporte un siège bien conduit.

— Certes, répondis-je, après avoir quitté le Major Hooker d'une façon aussi cavalière, il serait humiliant d'avoir à lui demander des secours, maintenant qu'il y a du danger.

— Ho ! Ho ! s'écria le baronnet, il ne faut pas jeter la sonde bien profondément pour trouver le fond de votre philosophie stoïcienne, cher Micah ! Avec tout votre sang-froid, toute votre impassibilité, vous êtes assez chatouilleux quand il s'agit d'amour propre ou d'honneur. Irons-nous en avant, en courrons-nous la chance ? Je gage une couronne contre une autre que nous ne verrons pas même l'ombre d'un habit rouge.

— Si vous agréez mon avis, gentilshommes, dit le détrousseur de grands chemins, arrivant au trot sur une belle jument bai, je crois que le meilleur parti pour vous serait de me prendre pour guide jusqu'à votre camp. Ce serait bien étrange, si je ne trouvais pas un trajet qui puisse faire perdre la piste à ces lourdauds de soldats.

— Voilà une proposition des plus sages, des plus raisonnables, s'écria le baronnet. Maître Marot, une prise de ma tabatière... C'est toujours un gage d'amitié qu'offre son possesseur. Par ma foi, l'ami, bien que nos relations se bornent jusqu'à présent à avoir failli vous pendre en une certaine circonstance, je n'en ai pas moins beaucoup de sympathie pour vous, tout en souhaitant que vous exerciez une profession plus présentable !

— Il en est ainsi de plus d'un qui fait des chevauchées nocturnes, répondit Marot, riant en dedans, mais nous ferons bien de partir, car l'orient s'éclaire déjà et il fera jour avant que nous arrivions à Bridgwater.

Laissant derrière nous la ferme malencontreuse, nous nous mîmes en route avec toutes les précautions militaires, Marot marchant avec moi à quelque distance en avant, deux des soldats formant l'arrière-garde.

Il faisait encore très sombre, bien qu'une mince ligne grise à l'horizon annonçât l'approche de l'aube.

Mais, malgré l'obscurité, notre nouvel ami nous guida sans s'arrêter, sans hésiter un instant à travers un dédale de ruelles, de sentiers, traversant des champs, des bourbiers où parfois les charrettes s'enfonçaient jusqu'aux essieux, d'autres où elles grinçaient et cahotaient sur le roc ou les pierres.

Nous fîmes tant de détours, nous changeâmes si souvent de direction dans notre marche, que je craignis plus d'une fois que notre guide ne se trompât, lorsqu'enfin les premiers rayons du soleil éclairant le paysage nous montrèrent le clocher de l'église paroissiale de Bridgwater.

— Pardieu, l'ami, vous devez avoir quelque chose de la nature du chat, pour retrouver ainsi votre chemin dans les ténèbres, s'écria Sir Gervas, en accourant vers nous. Je suis fort content de revoir la ville, car mes pauvres charrettes ne font que geindre et grincer, au point que je suis las d'avoir l'oreille tendue à la rupture d'un timon. Maître Marot, nous vous sommes fort obligés.

— Est-ce votre district particulier ? demandai-je, ou bien connaissez-vous avec la même exactitude toutes les régions du sud ?

— Mon terrain, dit-il en allumant sa courte pipe noire, il va du Kent aux Cornouailles, mais jamais au Nord de la Tamise ou du Canal de Bristol. Dans ce district-là, il n'est pas une route qui ne me soit familière, pas une brèche dans une haie que je ne puisse retrouver au milieu de la nuit la plus noire.

C'est mon métier.

Mais les affaires ne sont plus ce qu'elles étaient.

Si j'avais un fils, je ne l'élèverais pas pour prendre ma suite.

Notre métier a été gâté par les gardiens armés qu'on met sur les coches et par ces maudits orfèvres qui ont ouvert leurs banques. Ils gardent les espèces dans leurs coffres-forts et vous remettent en échange des bouts de papier qui n'ont pas plus de valeur entre nos mains qu'un vieux journal.

Je vous en donne ma parole, il y a eu huit jours vendredi dernier, j'ai arrêté un marchand de bestiaux qui revenait de la foire de Blandford et je lui ai pris sept cents guinées en ces chèques de papier, comme on les appelle.

Si cela avait été de l'or, j'en aurais eu assez pour faire bombance pendant trois mois.

Vraiment le pays est dans une jolie passe, quand on tolère que des chiffons pareils prennent la place de la monnaie du Roi!

— Pourquoi vous obstiner dans une telle profession? demandai-je. Vous savez assez par vous-même qu'elle ne peut vous conduire qu'à votre perte, à la potence. Avez-vous jamais connu un homme qu'elle ait amené à la prospérité?

— Ah! pour cela, oui, j'en ai connu un. C'était Jones de Kingston. Il a *fait* Hounslow pendant bien des années. Il a pris dix mille jaunets d'une seule râfle, et en homme avisé, il a juré de ne jamais plus risquer son cou.

Il s'est rendu dans le Comté de Chester, en faisant courir je ne sais quelle histoire, se donnant comme arrivé des Indes. Il a acheté un domaine, et le voilà maintenant devenu un gentleman campagnard fort à l'aise, et juge de paix par-dessus le marché!

Pardieu, mon homme! Le voir sur son banc condamnant un pauvre diable qui aura volé une douzaine d'œufs, c'est une comédie aussi bonne qu'au théâtre.

— Soit, mais vous êtes un homme, insistai-je, un homme qui, d'après ce que nous avons vu de votre courage et de votre adresse à manier vos armes, recevrait un avancement rapide dans n'importe quelle armée. Il serait certainement bien meilleur d'employer vos qualités à conquérir de l'honneur et du crédit que d'en faire le marche-pied de l'infamie et du gibet.

— Quant au gibet, je m'en soucie autant que d'un shilling rogné, riposta le brigand en lançant dans l'air du matin de grosses bouffées de fumée bleue. Nous devons tous payer notre dette à la nature, et que je le fasse mes bottes aux pieds ou dans un lit de plume, dans un an ou dans dix, cela n'a pas plus d'importance que pour le premier soldat venu parmi vous. Pour ma part, je ne vois rien de honteux à prélever un tribut sur la fortune des riches, puisque pour le faire je risque carrément ma peau.

— Il y a le juste et il y a l'injuste, répondis-je, et ce n'est pas avec des mots qu'on s'en défait. C'est un jeu qui ne rapporte guère que de tricher avec le juste et l'injuste.

— En outre, quand même vous auriez dit vrai en ce qui concerne la propriété, fit remarquer Sir Gervas, cela ne vous justifierait pas du peu de cas qu'on fait, dans votre métier de la vie humaine.

— Pardon, ce n'est pas autre chose qu'une chasse, avec cette différence que parfois le gibier se retourne contre vous et devient le chasseur. C'est, comme vous le dites, un jeu dangereux, mais la partie se joue à deux, et les deux joueurs ont la même chance.

Pas moyen d'employer des dés pipés, de *truquer* les pièces !

Tenez, il y a quelques jours, comme je me promenais à cheval sur la grande route, je vis trois gros réjouis de fermiers qui traversaient les champs au galop, précédés d'une meute de chiens en laisse, aboyant avec entrain, tout ce monde à la pousuite d'un levraut inoffensif.

C'était dans un pays stérile et mal peuplé, sur la lisière d'Exmoor. Je me dis en conséquence que je ne pouvais mieux employer mon temps qu'à faire la chasse aux chasseurs.

Par la mort dieu! pour une chasse, ce fut une chasse!

Mes gens partent en criant comme des enragés, les pans de leurs habits batttant au vent, hurlant après les chiens et se donnant un sport matinal comme il y en a guère.

Ils ne remarquèrent pas un seul instant qu'un cavalier les suivait sans faire d'embarras, et sans faire des : Tayaut! ni des : Arrête! prenait autant de plaisir à la chasse que le plus braillard d'entre eux.

Il ne manquait plus qu'une escorte de gardes ruraux à mes talons pour compléter ce beau chapelet que nous formions, comme à une partie d'attrape-qui-pourra, jouée par des gamins sur la pelouse du village.

— Et qu'en advint-il? demandai-je, car notre nouvel ami riait tout seul.

— Et bien, mes trois gaillards forcèrent leur lièvre et tirèrent leurs flacons, en gens qui ont bien travaillé. Ils étaient encore à piétiner le levraut forcé. Ils riaient. L'un d'eux avait mis pied à terre pour lui couper les oreilles comme trophée de chasse, quand j'arrivai au petit galop.

— Bonjour, messieurs, dis-je, nous nous sommes bien amusés ?

Ils me regardèrent avec effarement, je vous en réponds, et l'un d'eux me demanda que diable avais-je et comment je prenais la liberté de me mêler à un divertissement privé.

— Non, dis-je, ce n'était pas votre lièvre que je chassais.

— Quoi donc alors, monsieur l'inconnu ?

— Eh bien, par la Vierge, c'était vous, répondis-je, et voilà bien des années que je n'ai mené une aussi belle chasse à courre.

Sur ces mots, je chargeai mes instruments de persuasion, et je m'expliquai en peu de mots fort clairement, et je vous réponds que vous auriez ri de voir leurs figures pendant qu'ils tiraient de leurs poches leurs bourses de cuir bien pansues.

Mon butin de ce matin-là se monta à soixante-dix livres, ce qui valait mieux que des oreilles de lièvre comme prix d'une promenade à cheval.

— Est-ce qu'ils n'ont pas lancé tout le pays à votre poursuite ? demandai-je.

— Oh ! mais quand Alice la Brune a la bride sur le cou, elle va plus vite que les nouvelles. Les rumeurs mettent peu de temps à se répandre, mais les foulées de la bonne jument sont plus rapides encore.

— Et nous voici en dedans de nos avant-postes, dit Sir Gervas. Maintenant, notre honnête ami, car vous l'avez été honnête, avec nous, quoi que d'autres puissent dire de vous, — ne consentirez-vous pas à vous joindre à nous, et à vous engager au service de la bonne cause? Par ma foi, l'ami, vous avez bien des méfaits à expier, je le parie. Pourquoi ne mettriez-vous pas une bonne action dans la balance, en risquant votre vie pour la religion réformée?

— Moi! non! répondit le bandit, en arrêtant son cheval. Ma peau n'est rien, mais pourquoi risquerais je ma jument dans une aussi folle équipée? Si elle attrapait quelques mauvais coups dans l'affaire, où trouverais-je son égale? Et d'ailleurs il ne lui importe aucunement que ce soit un Papiste ou un Protestant qui occupe le trône d'Angleterre,... n'est-ce pas, ma belle?

— Mais vous auriez des chances d'avoir de l'avancement, dis-je. Notre colonel Decimus Saxon estime grandement un bon tireur à l'épée, et sa parole a beaucoup de poids auprès du Roi Monmouth et du Conseil.

— Non, non, s'écria Hector Marot d'un ton farouche, que chacun reste à son métier. Quand il s'agit de brosser la cavalerie de Kirke, je suis toujours prêt, car c'est un de ses escadrons qui a perdu le vieux aveugle Jim Houston, de Milverton, qui était un de mes amis. J'ai réglé ce compte pour toujours à sept de ces coquins et si j'avais le temps, je viendrais à bout de tout le régiment. Mais je ne veux pas me battre contre le Roi Jacques, je ne veux pas davantage risquer la jument. Aussi ne parlons plus de cela. Et maintenant il faut que je vous quitte, car j'ai bien des choses à faire. Adieu.

— Adieu! Adieu! nous écriâmes-nous en serrant ses mains brunes et calleuses, et nos remerciements pour nous avoir servi de guide!

Il souleva son chapeau, agita sa bride et disparut au galop sur la route dans un nuage mobile de poussière.

— Que le diable m'emporte, si jamais je dis du mal des voleurs, fit Sir Gervas. Jamais de ma vie je n'ai vu manier si dextrement l'épée et il faut être un tireur comme on n'en voit guère pour descendre avec deux balles deux grands gaillards? Mais regardez par ici, Clarke, ne voyez-vous point des troupes aux habits rouges?

— Certainement je puis les voir, répondis-je, en promenant mon regard sur la vaste plaine couverte de roseaux, et de teinte grise qui s'étendait entre les sinuosités de la Parret et les hauteurs lointaines de Polden. Je peux les apercevoir là-bas dans la direction de Weston-goyland. Ils sont aussi visibles que les coquelicots dans le blé.

— Il y en a encore davantage sur la gauche,

aux environs de Chedzoy, dit Sir Gervas. Un, deux, trois, et un là-bas, et deux autres en arrière, six régiments d'infanterie en tout. Puis je crois apercevoir de ce côté-ci les cuirasses de la cavalerie, et aussi certains indices d'artillerie. Par ma foi, c'est maintenant que Monmouth devra se battre, s'il tient à sentir le cercle d'or sur ses tempes. Toute l'armée du Roi Jacques s'est refermée sur lui.

— Alors il faut que nous reprenions notre commandement, répondis-je. Si je ne me trompe, je vois flotter nos étendards sur la place du marché.

Nous donnâmes de l'éperon à nos montures fatiguées et avançâmes avec notre petite troupe et les vivres que nous avions réunis.

Nous rentrâmes enfin à nos quartiers où nous fûmes salués par les joyeux vivats de nos camarades affamés.

Avant midi, la bande de jeunes bœufs avait été transformée en rotis et en grillades.

Nos légumes et le reste de nos vivres contribuèrent à fournir le dîner qui, pour un bon nombre de nos hommes, devait être le dernier repas.

Le Major Hooker revint bientôt après avec une certaine quantité de vivres, mais dans une condition assez fâcheuse, car il avait eu une escarmouche avec les dragons et y avait perdu huit ou dix de ses hommes.

Il alla tout droit au Conseil présenter ses plaintes au sujet de la façon dont nous l'avions abandonné, mais les événements d'importance se multipliaient autour de nous, et on n'avait guère le temps d'éplucher les menues affaires de discipline,

Quant à moi, quand je reporte mon regard sur ce fait, je conviens que comme soldat, il avait parfaitement raison et qu'au point de vue militaire, notre conduite n'admettait pas d'excuse.

Et cependant, même aujourd'hui encore, mes chers enfants, tout courbé sous le poids des années, je suis convaincu qu'un cri de femme en détresse serait un signal qui me ferait accourir à son aide, aussi longtemps que ces membres vieillis pourront me porter. Car notre devoir envers les faibles dépasse tous les autres devoirs. Il est au-dessus de toutes les circonstances, et pour mon compte je ne vois pas pourquoi l'habit du soldat aurait pour effet d'endurcir le cœur de l'homme.

V

La fillette de la lande et la bulle d'eau qui monta à la surface de la fondrière.

Tout Bridgwater fut en révolution lorsque nous y fîmes notre entrée à cheval.

Les troupes du Roi étaient à moins de quatre milles, sur la Plaine de Sedgemoor.

Il était très probable qu'elles s'avanceraient encore et qu'elles donneraient l'assaut à la ville.

Quelques ouvrages grossiers avaient été élevés du côté de Eastover.

Derrière eux étaient deployées en armes deux brigades, pendant que le reste de l'armée était gardé en réserve sur la place du marché et la pelouse du château.

Mais dans l'après-midi, des patrouilles de notre cavalerie et des paysans de la région des landes vinrent nous avertir que nous ne courions aucun danger d'un assaut.

Les troupes royales s'étaient installées confortablement dans les petits villages du pays, et quand elles eurent réquisitionné du cidre et de la bière chez les fermiers, elles ne manifestèrent aucune intention de marcher en avant.

La ville était pleine de femmes, les épouses, les mères et les sœurs de nos paysans. Elles étaient venues de loin et de près pour voir encore une fois ceux qu'elles aimaient.

Fleet Street ou Cheapside ne sont pas plus encombrés en un jour d'affaires que ne l'étaient les rues et ruelles étroites de cette ville du comté de Somerset.

Soldats en hautes bottes, en justaucorps de buffle, miliciens en habits rouges, gens de Taunton aux figures brunes et graves, piqueurs vêtus de serge, mineurs en guenilles, aux traits sauvages, paysans en houppelandes, gens de mer téméraires, aux faces hâlées par les intempéries, montagnards dégingandés de la côte du nord, tout ce monde se poussait, se bousculait en une cohue compacte, bariolée.

Partout dans cette foule se voyaient les paysannes, coiffées de chapeaux de paille, au parler sonore, prodiguant les pleurs, les embrassades, les exhortations.

Çà et là, parmi les bigarrures des costumes et les reflets des armes circulait la sombre et austère silhouette de quelque ministre puritain à l'ample manteau noir, au chapeau à visière, distribuant tout autour de lui de courtes et ardentes improvisations, des textes farouches, substantiels, du répertoire belliqueux de la Bible qui chauffaient le sang aux hommes comme l'eût fait une liqueur forte.

De temps à autre, une clameur sauvage montait de la foule.

On eût dit le long hurlement d'un mâtin, plein d'ardeur, qui tire sur sa laisse et ne demande qu'à sauter à la gorge de l'ennemi.

Notre régiment avait été dispensé de service, maintenant qu'il était clair que Feversham ne voulait pas marcher en avant et il s'occupait de dépêcher les vivres qu'avait rapportés notre expédition nocturne.

C'était un dimanche, une belle et chaude journée, avec un ciel clair, sans nuages, où soufflait une douce brise chargée des parfums de la campagne.

Pendant tout le jour, les cloches des villages environnants sonnèrent l'alarme, répandant par la campagne ensoleillée leur carillon musical.

Les fenêtres supérieures et les toits de tuiles rouges des maisons étaient encombrés de femmes et d'enfants aux figures pâles, qui fouillaient du regard la direction de l'est, où des éclaboussures rouges sur la teinte brune de la lande indiquaient la position de nos ennemis.

A quatre heures, Monmouth réunit un dernier conseil de guerre sur la tour carrée, qui sert de base au clocher de l'église paroissiale de Bridgwater et d'où l'on voyait fort bien tout le pays environnant.

Depuis mon voyage auprès de Beaufort, j'avais toujours eu l'honneur de recevoir l'ordre d'y assister, en dépit de l'humble rang que j'occupais dans l'armée.

Il y avait là une trentaine de conseillers en tout, autant qu'il pouvait en tenir en cet endroit, soldats et courtisans, Cavaliers et Puritains, tous unis maintenant par le lien d'un commun danger.

A vrai dire, l'approche d'un dénouement dans leur fortune avait fait disparaître en grande partie les différences de manières qui avaient contribué à les séparer.

Le sectaire avait perdu un peu de son austérité, et il se montrait échauffé, plein d'ardeur à la perspective d'une bataille, en même temps que l'homme à la mode, si étourdi, était contraint à une gravité inaccoutumée en considérant le danger de sa position.

Leurs vieilles querelles furent oubliées lorsqu'ils se groupèrent près du parapet et contemplèrent d'un air renfrogné les épaisses colonnes de fumée qui montaient à l'horizon.

Le Roi Monmouth se tenait au milieu de ses chefs, pâle et hagard, la chevelure en désordre, de l'air d'un homme à qui le désarroi de son esprit a fait oublier le soin de sa personne.

Il tenait une lunette double en ivoire, et quand

il la portait à ses yeux, un tremblement, des secousses nerveuses, agitaient ses fines et blanches mains, au point que cela faisait peine à voir.

Lord Grey tendit sa lunette à Saxon qui était accoudé sur la grossière bordure de maçonnerie et qui regarda longtemps l'ennemi d'un air grave.

— Ce sont les mêmes hommes que j'ai commandés, dit enfin Monmouth, à demi-voix, comme s'il pensait tout haut. Là-bas, par la droite, je vois le régiment d'infanterie de Dumbarton. Je connais bien ces hommes-là ; ils se battront. Si nous les avions de notre côté, tout irait bien.

— Non. Majesté, répondit avec vivacité Lord Grey, vous ne rendez pas justice à vos braves partisans. Eux aussi verseront jusqu'à la dernière goutte de leur sang pour votre cause.

— Regardez-les, là en bas, dit Monmouth avec tristesse, en montrant le fourmillement des rues au dessous de nous. Jamais cœurs plus braves ne battirent dans des poitrines anglaises, mais remarquez ces vociférations, cette clameur de paysans un samedi soir. Comparez-y le déploiement rigide et régulier des bataillons exercés. Hélas! pourquoi ai-je arraché ces honnêtes créatures à leurs modestes foyers pour livrer une lutte aussi désespérée?

— Ecoutez cela, s'écria Wade, ils ne trouvent pas la situation désespérée, et nous pas davantage.

Comme il parlait encore, une clameur furieuse s'éleva de la foule compacte, écoutant un prédicant qui la haranguait par une fenêtre.

— C'est le digne Docteur Ferguson, dit Sir Stephen Timewell, qui venait de monter. Il est comme un homme inspiré qu'un souffle puissant emporte là-haut dans ses paroles. Vraiment on dirait un des anciens prophètes. Il a pris pour texte : « Le Seigneur Dieu des Dieux, il sait, et Israël il le saura. S'il est en rebellion, ou s'il est en état de péché contre le Seigneur, sauve-nous en ce jour. »

— Amen! Amen! crièrent pieusement plusieurs des soldats puritains, pendant qu'une autre acclamation rauque, accompagnée du bruit des faux et des armes entrechoquées, montrait combien ce peuple était profondément remué par les paroles ardentes du fanatique.

— Ils ont vraiment l'air d'avoir soif du combat, dit Monmouth d'un air plus dégagé. Il est bien possible que, quand on a commandé des troupes régulières, comme je l'ai fait, on se sente porté à attacher une importance exagérée à la différence qui résulte de la discipline et de l'entraînement. Les braves garçons paraissent avoir le cœur haut. Que pensez-vous des dispositions de l'ennemi, Colonel Saxon?

— Par ma foi, Majesté, j'en pense fort peu de bien, répondit Saxon avec rudesse. J'ai vu des armées disposées en ligne de bataille dans maints pays du monde et sous bien des généraux. J'ai également lu la section qui traite de ce sujet dans le *De re militari* de Petrinus Bellus, ainsi que dans les ouvrages d'un Flamand renommé, mais je n'ai rien vu ni entendu qui puisse recommander les dispositions que nous avons sous les yeux.

— Comment appelez-vous le hameau qui est sur la gauche, celui qui a ce clocher carré couvert de lierre? demanda Monmouth au Maire de Brigwater, petit homme à la figure anxieuse, qui paraissait évidemment fort embarrassé du relief où l'avait mis son office.

— Westonzoyland, Votre Honneur... Votre Grâce, non, c'est : Votre Majesté, que je voulais dire. L'autre, à deux milles plus loin, est Middlezoy, et enfin à gauche, c'est Chedzoy, juste de l'autre côté du Rhin.

— Du Rhin, monsieur, que voulez-vous dire, demanda le Roi, sursautant brusquement et interpellant le timide bourgeois d'un ton si violent que celui-ci perdit le peu d'aplomb qui lui restait.

— Mais... le Rhin... Votre Grâce... Votre Majesté,... dit-il en bégayant, le Rhin. La Grâce de Votre Majesté ne peut pas l'ignorer, c'est ce que les gens du pays appellent le Rhin.

— C'est un terme courant, Sire, par lequel on désigne de larges et profondes tranchées destinées au drainage des grandes mares de Sedgemoor, dit Sir Stephen Timewell.

La pâleur de Monmouth s'étendit jusqu'à ses lèvres.

Plusieurs des conseillers échangèrent des regards significatifs.

Ils se rappelaient l'étrange et prophétique jeu de mots qui était arrivé de l'atelier du faiseur d'or du laboratoire au camp par mon intermédiaire.

Mais le silence fut interrompu par le Major Hollis, vétéran qui avait servi sous Cromwell.

Il venait de marquer sur un papier la situation des villages où était établi l'ennemi.

— S'il plait à Votre Majesté, il y a dans leur disposition quelque chose qui me rappelle celle de l'armée écossaise lors de la bataille de Dunbar. Cromwell occupait Dunbar, tout comme nous occupons Bridgwater.

Le terrain environnant, de même marécageux et perfide, était occupé par l'ennemi.

Il n'y avait pas dans toute l'armée un homme qui n'admît que si le vieux Leslie défendait jusqu'au bout sa position, il ne nous restait plus d'autre parti de prendre que de nous rembarquer, en abandonnant nos approvisionnements et notre artillerie, et à faire de notre mieux pour gagner Newcastle.

Mais grâce à la bienveillante Providence, il manœuvra de telle sorte qu'il trouvâ une fondrière entre son aile gauche et le reste de son armée.

Aussi Cromwell tomba-t-il sur cette aile dès

l'aube et la tailla en pièces, avec tant de succès, que l'armée ennemie tout entière prit la fuite, et que nous la poursuivîmes, en la sabrant, jusqu'aux portes même de Leith.

Sept mille Ecossais perdirent la vie, mais il ne périt qu'une centaine d'hommes au plus du côté des honnêtes gens.

Or, Votre Majesté peut voir, grâce à ses lunettes, qu'il y a un mille de terrain marécageux entre ces villages, et que le plus rapproché, qui est Chedzoy, — c'est son nom, je crois, — pourrait être abordé sans que nous ayons à traverser le marais.

Je suis très convaincu que si le Lord Général était avec nous, il nous engagerait à risquer une attaque de ce genre.

— C'est bien hardi de faire attaquer de vieux soldats par des paysans qui ne sont pas formés, dit Sir Stephen Timewell. Mais, s'il faut le faire, je ne crois pas qu'aucun des hommes qui ont vécu au son des cloches de Sainte-Marie-Madeleine, recule devant cette tache.

— Voilà qui est bien parlé, Sir Stephen, dit Monmouth. A Dunbar, Cromwell avait derrière lui des vétérans, et en face de lui des gens qui n'avaient qu'une faible expérience de la guerre.

— Cependant il y a beaucoup de bon sens dans ce qu'a dit le Major Hollis, remarqua Lord Grey. Il nous faut attaquer ou nous laisser cerner peu à peu, puis affamer.

Cela étant ainsi, pourquoi ne profiterions-nous pas tout de suite de la chance que nous offre l'ignorance ou l'insouciance de Feversham ?

Demain, si Churchill réussit à se faire entendre de son chef, je ne doute guère que nous ne trouvions leur camp disposé autrement et qu'ainsi nous n'ayons lieu de regretter notre occasion manquée.

— Leur cavalerie est postée à Westonzoyland, dit Wade. Maintenant le soleil est si ardent que son éclat et la buée, qui monte des marais, nous empêche presque de voir. Mais il n'y a qu'un instant, j'ai pu, à l'aide de mes lunettes, distinguer deux longues lignes de chevaux au piquet sur la lande au delà du village.

En arrière, à Middlezoy, il y a deux mille hommes de milice et à Chedzoy, où se ferait notre attaque, cinq régiments d'infanterie régulière.

— Si nous pouvions rompre ces derniers, tout irait bien, s'écria Monmouth. Quel est votre avis, Colonel Buyse ?

— Mon avis est toujours le même, répondit l'Allemand. Nous sommes ici pour nous battre, et plus tôt nous nous mettrons à la besogne, mieux cela vaudra.

— Et le vôtre, Colonel Saxon ? Etes-vous du même avis que votre ami ?

— Je crois, comme le Major Hollis, Sire, que Feversham, par ses dispositions, s'est exposé à une attaque et que nous devons en profiter sans retard.

Toutefois, considérant que des soldats exercés et une nombreuse cavalerie ont une grande supériorité en plein jour, je serais porté à conseiller une camisade ou attaque de nuit.

— La même pensée m'est venue à l'esprit, dit Grey. Nos amis d'ici connaissent chaque pouce du terrain, et ils nous guideraient à Chedzoy dans les ténèbres aussi bien qu'en plein jour.

— J'ai entendu dire, ajouta Saxon, qu'il est arrivé à leur camp des quantités de bière et de cidre, ainsi que du vin et des liqueurs fortes.

S'il en est ainsi, nous pouvons leur donner le réveil pendant que leur tête sera encore toute troublée par la boisson et qu'ils ne sauront guère si c'est nous qui tombons sur eux ou si ce sont les diables bleus.

Un chœur unanime d'approbations de tout le Conseil prouva qu'on accueillait avec empressement la perspective d'en venir enfin aux mains, après les marches et les retards énervants des dernières semaines qui s'étaient écoulées.

— Y a-t-il quelque cavalier qui ait des objections contre ce plan ? demanda le Roi.

Nous échangeâmes tous un coup d'œil, mais bien que maintes physionomies exprimassent le doute ou le découragement, aucune voix ne s'éleva contre l'attaque de nuit.

En effet, il était évident que dans tous les cas il fallait hasarder notre action et que celle-là avait au moins le mérite d'offrir plus de chances de succès que l'autre.

Et pourtant, mes chers enfants, je puis le dire, les plus hardis d'entre nous se sentaient le cœur défaillir à la vue de notre chef, de son air abattu, mélancolique, et nous nous demandions si c'était bien là l'homme fait pour amener à un heureux dénouement une entreprise aussi hasardeuse.

— Si nous sommes d'accord, prenons pour mot de passe « Soho » et attaquons-les le plus tôt possible après minuit.

Ce qui reste à décider pour l'ordre de bataille pourra être réglé d'ici à ce moment-là.

Maintenant, gentilshommes, vous allez rejoindre vos régiments, et vous vous souviendrez que, quoiqu'il arrive de ceci, soit que Monmouth mette sur sa tête la couronne d'Angleterre, soit qu'il devienne un fugitif en tous lieux pourchassé, tant que son cœur battra, il gardera toujours la mémoire des braves amis qui lui sont restés fidèles en cette heure de peine.

Cette allocution simple et cordiale fit passer sur tous les fronts la flamme du dévouement.

Au moins, il en fut ainsi pour moi, en même temps que j'éprouvais une pitié profonde pour ce pauvre faible gentilhomme.

Nous nous serrâmes autour de lui, la main sur la poignée de nos épées, en lui jurant que nous lui resterions fidèles, dût l'univers entier se dresser entre lui et ses droits.

Il n'y eut pas jusqu'aux rigides et impassibles Puritains, qui ne fussent émus, qui ne laissassent entrevoir un sentiment de loyauté, pendant que les gens de cour, transportés de zèle, tiraient leurs rapières et lançaient des appels à la foule, qui fut envahie par cet enthousiasme et emplit l'air de ses acclamations.

Les yeux de Monmouth reprirent leur éclat, ses joues leur couleur, pendant qu'il prêtait l'oreille à ses cris.

Pendant un instant, il parut ce qu'il aspirait à être, un Roi.

— Je vous remercie, chers amis et sujets, cria-t-il. L'issue est aux mains du Tout-Puissant, mais ce que l'homme peut faire, j'en suis convaincu, vous le ferez cette nuit. Si Monmouth ne peut posséder l'Angleterre, il aura au moins six pieds de son sol. En attendant, retournez à vos régiments et que Dieu défende la juste cause.

— Que Dieu défende la juste cause ! répéta le conseil, d'une voix solennelle.

Puis, il se sépara et laissa le Roi prendre avec Grey les dernières dispositions en vue de l'attaque.

— Les mirliflors de la Cour sont assez disposés à brandir leurs rapières et à crier quand il y a quatre grands milles entre eux et l'ennemi, dit Saxon, pendant que nous nous faisions passage à travers la foule.

Je crains qu'ils ne soient moins prompts à se

mettre en avant, quand ils sont face à face avec une ligne de mousquetaires, et peut-être avec une brigade de cavalerie qui les chargera par le flanc.

Mais voici l'ami Lockarby, qui apporte des nouvelles, à en juger par sa physionomie,

— J'ai un rapport à faire, Colonel, dit Rubén accourant à nous tout essouflé. Vous vous rappelez sans doute que moi et ma compagnie nous étions de garde aujourd'hui à la porte de l'Est ?

Saxon acquiesca dans un mouvement de tête.

— Comme je désirais en savoir aussi long que possible sur l'ennemi, je grimpai sur un grand arbre qui se trouve juste à la sortie de la ville.

De cet endroit, avec l'aide d'une lunette, je pus distinguer leurs lignes et leur camp.

Pendant cet examen, le hasard me fit apercevoir un homme qui marchait furtivement à l'abri des bouleaux, et qui se trouvait à moitié chemin de leurs lignes et de la ville.

Je le suivis des yeux et je m'aperçus qu'il se dirigeait de notre côté.

Bientôt il fut si proche que je pus reconnaître qui il était, je connais bien cet homme-là, mais au lieu d'entrer dans la ville, il fit un détour en profitant des fossés à tourbe et sans doute trouva le moyen d'entrer par un autre endroit.

Mais j'ai des motifs pour croire que cet homme n'est pas sincèrement affectionné à la cause.

Je suis convaincu qu'il est allé au Camp Royal donner avis de ce que nous faisons et qu'il est revenu chercher de nouvelles informations.

— Ha ! Ha ! fit Saxon, en levant les sourcils. Et comment se nomme cet homme-là ?

— Il s'appelle Derrick. Il était auparavant premier apprenti de Maître Timewell, à Taunton. Maintenant il a un grade dans l'infanterie de Taunton.

— Quoi, c'est ce jeune godelureau qui a levé les yeux sur Mistress Ruth. Et maintenant voici que l'amour fait de lui un traître ?

Et moi qui le prenais pour un des Elus ! Je l'ai entendu sermonner les piquiers.

Comment se fait-il qu'un individu de sa façon apporte son concours à la cause de l'Episcopat ?

— Toujours l'amour, fis-je. Le dit amour est une jolie fleur, quand il pousse sans être contrarié, mais s'il rencontre des obstacles, c'est une bien mauvaise herbe.

— Il y a dans le camp bien des gens auxquels il veut du mal, dit Ruben, et il perdrait l'armée pour se venger sur eux, de même qu'un gredin ferait couler à pic un navire rien que pour noyer un ennemi.

Sir Stephen s'est attiré sa haine en refusant de contraindre sa fille à accepter ses hommages.

Maintenant il est retourné au camp et je suis venu vous faire mon rapport à ce sujet afin que vous décidiez s'il y a lieu d'envoyer un peloton de piquiers le prendre par les talons pour l'empêcher de faire de l'espionnage une fois de plus.

— Cela vaudrait peut-être mieux, dit Saxon, après avoir bien réfléchi, mais sans doute notre homme à une histoire toute prête, et qui aurait plus d'apparence que nos simples soupçons. Ne pourrions-nous pas le prendre sur le fait ?

Une idée me vint à l'esprit.

J'avais remarqué du haut du clocher un cottage entièrement isolé à environ un tiers du chemin qui allait au camp ennemi.

Il s'élevait au bord de la route dans un endroit situé entre deux marais.

Quand on traversait le pays, on était obligé de passer par là.

Si Derrick tentait de porter nos plans à Feversham, on pourrait lui couper la route à cet endroit-là, au moyen d'un poste mis à l'affût pour l'attendre.

— Excellent, parfait ! s'écria Saxon quand je lui eus fait connaître ce projet. Mon érudit Flamand lui-même n'eût point inventé une pareille ruse de guerre. Emmenez autant de pelotons que vous le croirez nécessaire sur ce point, et je ferai en sorte que Maître Derrick soit convenablement amorcé en fait de nouvelles pour Mylord Feversham.

— Non, dit Ruben, une troupe qui sortirait

mettrait toutes les langues en mouvement. Pourquoi n'irions-nous pas, Micah et moi ?

— En effet, cela vaudrait mieux, répondit Saxon, mais il faut engager votre parole que, quoi qu'il arrive, vous serez de retour avant le coucher du soleil, car vos hommes doivent être sous les armes une heure avant l'ordre de marcher.

Nous nous empressâmes de faire la promesse demandée.

Puis, nous étant assurés que Derrick était bien revenu au camp, Saxon s'arrangea de façon à laisser échapper devant lui quelques mots relativement à nos plans pour la nuit, pendant que nous nous rendions en hâte à notre poste.

Quant à nos chevaux, nous les laissâmes derrière nous.

Puis, nous franchîmes à la dérobée la porte de l'est, nous cachant de notre mieux, jusqu'au moment où nous fûmes sur la route déserte et nous nous trouvâmes devant la maison.

C'était un cottage simple, blanchi à la chaux, à toiture de chaume.

Au-dessus de la porte, un petit écriteau informait que la fermière vendait du lait et du beurre.

Le toit ne laissait point échapper de fumée et les volets de la fenêtre étaient clos ; d'où nous conclûmes que les habitants avaient fui loin de cet emplacement périlleux.

7

Des deux côtés s'étendait le marécage, couvert de joncs et peu profond sur ses bords, mais plus profond à quelque distance, avec une écume verte qui en dissimulait la surface traîtresse.

Nous frappâmes à la porte, que le temps avait salie, mais n'ayant pas reçu de réponse, ainsi que nous nous attendions, je m'arcboutai contre elle et bientôt j'eus fait sauter les clous de la gâche.

Il n'y avait qu'une pièce.

Dans un coin, une échelle droite menait, par une ouverture carrée du plafond, à la chambre à coucher sous le toit.

Trois ou quatre chaises et escabeaux étaient épars sur le sol de terre battue, et sur un des côtés une table, faite de planches brutes, supportait de grandes tasses à lait de faïence brune.

Des plaques vertes sur les murs et l'affaissement d'un des côtés de la maison témoignaient des effets que produisait sa position dans un endroit humide, au voisinage des marais.

Nous fûmes surpris de trouver encore un habitant dans l'intérieur.

Au milieu de la pièce, en face de la porte par où nous étions entrés, se tenait debout une fillette charmante aux boucles dorées, âgée de cinq ou six ans.

Elle avait pour costume une petite blouse blanche, propre, serrée à la taille par une coquette ceinture de cuir, avec une boucle brillante.

Deux petites jambes potelées se laissaient entrevoir, sous la blouse, avec des chaussettes et des souliers de cuir, et elle se tenait fièrement campée, un pied en avant, en personne décidée à défendre son poste.

Sa mignonne tête était rejetée en arrière, et ses grands yeux bleus exprimaient le plus vif étonnement mêlé à la bravade.

A notre entrée, la petite sorcière agita de notre côté son mouchoir et nous fit : « Pfoutt! », comme si nous étions tous les deux de ces volailles importunes qu'elle avait l'habitude de chasser de la maison.

Ruben et moi, nous nous arrêtâmes sur le seuil, hésitants, décontenancés, comme deux grands flandrins d'écoliers, contemplant cette petite reine des fées dont nous avions envahi les royaumes, et nous demandant s'il nous fallait battre en retraite ou apaiser sa colère par de douces et caressantes paroles.

— Allez-vous-en, cria-t-elle sans cesser d'agiter les mains et de secouer son mouchoir. Grand'mère m'a dit de dire à tous ceux qui viendraient de s'en aller.

— Et s'ils ne veulent pas s'en aller, demanda Ruben, que deviez-vous faire alors, petite ménagère?

— Je devais les mettre à la porte, répondit-elle s'avançant hardiment contre nous et multipliant les coups de mouchoir. Vous, méchant, vous avez cassé le verrou de grand'mère.

— Eh bien, je vais le raccommoder, répondis-je d'un air content.

Puis, ramassant une pierre, j'eus bientôt consolidé la gâche déplacée.

— Voilà, petite femme. La grand'mère ne s'apercevra jamais de la différence.

— Faut vous en aller tout de même, insista-t-elle. C'est la maison à grand'mère, pas la vôtre.

Que faire en présence de cette petite entêtée de dame des marais ?

Une nécessité impérieuse nous ordonnait de rester dans la maison, car il n'y avait pas d'autre moyen de nous cacher que nous abriter parmi ces terribles marécages.

Et pourtant elle s'était mis en tête de nous expulser, avec une décision, une intrépidité qui eussent fait honte à Monmouth.

— Vous vendez du lait, dit Ruben. Nous sommes las et altérés. Nous sommes donc venus en boire un coup.

— Ah ! s'écria-t-elle, tout épanouie, souriante, est-ce que vous me paierez tout comme les gens paient grand'mère ? Ah ! cœur vivant, ce sera bien beau !

Et sautant légèrement sur un escabeau, elle puisa dans les bassins qui étaient sur la table de quoi remplir de grandes écuelles.

— Un penny, s'il vous plaît.

C'était chose étrange à voir que la façon dont

la petite ménagère cacha sa pièce de monnaie dans son tablier.

Sa figure naïve brillait d'orgueil et de joie, d'avoir fait cette superbe affaire pour la grand'mère absente.

Nous emportâmes notre lait près de la fenêtre. Nous enlevâmes les volets et nous nous assîmes de manière à bien voir sur la route.

— Au nom du Seigneur, buvez lentement ! dit Ruben à demi-voix. Il faut lamper à toutes petites gorgées. Sans quoi elle voudra nous mettre à la porte.

— Maintenant que nous avons payé les droits, elle nous laissera rester, répondis-je.

— Si vous avez fini, il faut vous en aller, dit-elle d'un ton ferme.

— A-t-on jamais vu deux hommes d'armes tyrannisés ainsi par une petite poupée comme celle-là ! dis-je en riant. Non, ma petite, nous allons nous arranger avec vous, en vous donnant ce shilling, qui paiera bien tout votre lait. Nous avons le temps de rester ici et de le boire à loisir.

— Jenny, la vache, est justement en train de traverser la mare, fit-elle. C'est presque l'heure de la traite, et je l'amènerai si vous en voulez encore.

— A présent ! Dieu m'en garde ! s'écria Ruben. Nous finirons par être obligés d'acheter la vache. Où est votre grand'mère, peute demoiselle ?

— Elle est allée à la ville, répondit l'enfant. Il y a des hommes méchants avec des habits rouges et des fusils, qui viennent pour voler et se battre, mais grand'mère les fera bientôt partir. Grand'mère est allée arranger tout cela.

— Nous combattons contre les hommes aux habits rouges, ma poulette, dis-je. Nous vous aiderons à garder la maison et nous ne laisserons rien voler.

— Oh ! alors, vous pouvez rester, dit-elle en grimpant sur mes genoux, l'air aussi sérieux qu'un moineau perché sur un rameau. Quel grand garçon vous êtes ?

— Et pourquoi pas un homme ? demandai-je.

— Parce que vous n'avez pas de barbe à la figure. Tenez, grand'mère en a plus que vous au menton. Et puis, il n'y a que les garçons qui boivent du lait. Les hommes boivent du cidre.

— Eh bien, puisque je suis un garçon, je serai votre amoureux.

— Ah ! non, s'écria-t-elle en secouant ses boucles dorées. Je n'aurai pas de longtemps l'idée de me marier, mais mon amoureux, c'est Giles Martin de Gommatch. Quelle jolie veste de fer-blanc vous avez, comme elle reluit ! Pourquoi les gens portent-ils ces choses-là pour se faire du mal les uns aux autres, puisqu'en vérité, ils sont tous frères ?

— Et pourquoi sont-ils tous frères, petite femme ? demanda Ruben.

— Parce que grand'mère dit qu'ils sont tous les fils du Père suprême, répondit-elle. Et puisqu'ils ont tous le même père, ils doivent être frères. Il le faut bien, n'est-ce pas ?

— De la bouche des petits enfants et des nourrissons... fit Ruben en regardant par la fenêtre.

— Vous êtes une rare fleurette des marécages, dis-je, pendant qu'elle se haussait pour atteindre mon casque d'acier. N'est-ce pas chose étrange à penser, Ruben, qu'il y ait de chaque côté de nous des milliers d'hommes, des chrétiens, tout prêts à verser le sang les uns des autres, et qu'il se trouve ici entre eux un chérubin aux yeux bleus, qui expose en zézayant une philosophie bien faite pour nous renvoyer tous à notre foyer, le cœur calmé, et les membres intacts ?

— Un jour passé avec cette enfant me dégoûterait pour toujours de la carrière des armes, répondit Ruben. Quand je l'écoute, je sens trop ce qui rapproche le cavalier du boucher.

— Peut-être faut-il des uns et des autres, dis-je en haussant les épaules. Nous avons mis la main à la charrue. Mais je crois que voici l'homme que nous attendons. Il arrive en se cachant là-bas sous l'ombre de cette rangée de saules têtards.

— C'est lui, c'est certain, s'écria Ruben, en guettant par la fenêtre aux vitres à facettes.

— Alors, ma petite, il faut vous asseoir ici,

dis-je en la descendant de mes genoux et la mettant sur une chaise dans le coin. Il faut vous montrer une brave fille et ne pas bouger, quoi qu'il arrive. Le voulez-vous?

Elle avança ses lèvres roses, et affirma d'un signe de tête.

— Il arrive pas à pas, Micah, dit mon camarade, toujours debout près de la fenêtre. Ne dirait-on pas un renard perfide ou quelque autre bête de proie ?

Il y avait, en effet, dans son ensemble maigre, avec son costume noir, dans la légèreté de ses mouvements furtifs, quelque chose qui faisait songer à un animal cruel et plein de ruse.

Il se glissa sous l'ombre des arbres et des osiers rabougris, le corps penché, la marche glissante, en sorte qu'il n'eût pas été facile à l'homme le plus clairvoyant de le voir de Bridgwater.

A vrai dire, l'éloignement de la ville lui eût permis de marcher à découvert et de se lancer à travers la lande, mais la profondeur des marais de chaque côté l'avait empêché de quitter la route jusqu'à l'endroit où elle passait devant le cottage.

Lorsqu'il se trouva en face de notre embuscade, nous nous élançâmes tous les deux par la porte ouverte et lui barrâmes le passage.

J'ai entendu le ministre indépendant d'Emsworth faire la description de Satan, mais si le digne homme s'était trouvé avec nous ce jour-là, il n'aurait pas eu besoin de se mettre en frais d'imagination.

La figure basanée de l'homme se couvrit de plaques d'une pâleur livide, au moment où il faisait un pas en arrière, aspirait longuement l'air, et lançait un éclair venimeux de ses yeux noirs à droite et à gauche, pour chercher quelque moyen de s'esquiver.

Pendant un instant, il porta la main sur la poignée de son épée, mais sa raison lui dit qu'il ne pouvait guère espérer de forcer le passage contre nous deux.

Alors il jeta les yeux tout autour de lui, mais de tous les côtés, il lui fallait revenir près des gens qu'il avait trahis.

Il s'arrêta donc, morne, impassible, la figure allongée, piteuse, les yeux inquiets, toujours en mouvement.

C'était le type, le symbole de la trahison.

— Nous vous avons attendu quelque temps, Maître John Derrick, dis-je. Maintenant il vous faut retourner avec nous à la ville.

— De quel droit m'arrêtez-vous ? demanda-t-il d'une voix rauque et saccadée. Où est votre ordre ? Qui vous donne mission d'inquiéter des gens qui voyagent paisiblement sur la grande route du Roi ?

— Je tiens ma mission de mon Colonel, répondis-je d'un ton bref. Vous êtes déjà allé ce matin au camp de Feversham.

— C'est un mensonge, dit-il avec une fureur

sauvage. Je me suis borné à faire une promenade pour prendre l'air.

— C'est la vérité, dit Ruben, je vous ai vu à votre retour. Montrez-nous ce papier dont un bout sort de votre doublet.

— Nous savons tous pourquoi vous m'avez tendu ce piège, s'écria Derrick avec amertume. Vous avez fait courir sur moi des bruits défavorables de peur que je ne vous gêne pour épouser la fille du Maire. Qu'est-ce que vous êtes, pour oser lever les yeux sur elle? Un simple vagabond, un homme sans maître, venu on ne sait d'où. De quel droit aspirez-vous à cueillir la fleur qui a grandi au milieu de nous? Qu'avez-vous affaire à elle ou à nous? Répondez-moi.

— C'est une question que je ne discuterai que dans un moment et un endroit plus opportum, répondit Ruben avec calme. Rendez-nous votre épée et revenez avec nous. Pour ma part, je promets de faire tout mon possible pour vous sauver la vie. Si nous sommes victorieux cette nuit, vos misérables tentatives peuvent bien peu de chose pour nous nuire. Si nous sommes vaincus, il restera bien peu d'entre nous à qui vous puissiez nuire.

— Je vous remercie de votre bienveillante protection, répondit-il toujours de cette voix blanche, froide, amère.

Puis, débouclant son épée, il se dirigea lentement vers mon compagnon.

— Vous pourrez emporter cela comme présent à Mistress Ruth, dit-il en tendant l'arme de la main gauche.

— Et cela aussi, ajouta-t-il, en tirant vivement de sa ceinture un poignard qu'il plongea dans le flanc de mon pauvre ami.

Cela fut fait en un instant, — si brusquement que je n'eus le temps ni de m'élancer entre eux, ni de comprendre son intention.

Le blessé s'affaissait en respirant péniblement et le poignard résonnait sur le chemin, à mes pieds.

Le gredin lança un cri perçant de triomphe et fit un bond en arrière, grâce auquel il évita le furieux coup de point que je lui lançai.

Puis, il fit demi-tour et s'enfuit sur la route de toute sa vitesse.

Il était bien plus léger que moi, et vêtu d'une façon moins encombrante, mais grâce à ma force de respiration et à la longueur de mes jambes, j'avais été le meilleur coureur de mon district, et bientôt le bruit de mes pas lui apprit qu'il n'avait aucune chance de me distancer.

Deux fois il revint brusquement sur ses pas, comme fait un lièvre serré de près par un lévrier, et deux fois mon épée passa à moins d'un pouce de lui, car, pour dire la vérité, je n'avais pas plus l'intention de l'épargner, que s'il s'était agi d'un serpent venimeux qui aurait, sous mes yeux, planté ses crochets dans le corps de mon ami.

Je ne songeais pas plus à donner quartier que lui à le demander.

A la fin, comme il entendait mes pas tout près de lui et mon souffle contre son épaule même, il s'élança comme un fou à travers les joncs, et courut vers le perfide marécage ; avec de l'eau jusqu'à la cheville, jusqu'au genou, jusqu'aux cuisses, jusqu'à mi-corps.

Nous luttions. Nous chancelions.

Je gagnais toujours sur lui, et enfin je n'avais plus qu'à étendre le bras, et je faisais déjà tournoyer mon épée pour le frapper.

Mais, mes chers enfants, il était écrit qu'il ne mourrait pas de la mort d'un homme, mais de celle d'un reptile, qu'il était.

Au moment même où je l'abordais, il s'enfonça soudain, avec un bruit de gargouillement, et la mousse verte des eaux mortes se referma au-dessus de sa tête.

Pas la moindre ride, pas d'éclaboussement pour indiquer l'endroit.

Cela se fit brusquement, silencieusement, comme si un monstre inconnu l'avait happé et entraîné dans les abîmes.

Comme je me dressais l'épée levée, les yeux toujours fixés sur cet endroit, une bulle unique, volumineuse, monta et creva à la surface.

Puis tout redevint immobile, les terribles marais se déployant devant moi, comme le séjour même de la mort et de la désolation.

Je ne sais s'il s'était trouvé sur un brusque enfoncement qui l'avait englouti ou si, dans son désespoir, il s'était noyé à dessein.

Tout ce que je sais c'est que dans la grande lande de Sedgemoor sont ensevelis les os du traître et de l'espion.

Je revins tant bien que mal vers le bord à travers la vase épaisse, collante, et je me hâtai d'accourir à l'endroit où gisait Ruben.

Je me penchai sur lui, et je vis que le poignard avait traversé la bande de cuir qui réunissait les pièces de devant et de derrière de la cuirasse, que non seulement le sang coulait en abondance de la blessure, mais encore suintait goutte à goutte aux coins de la bouche.

De mes doigts tremblants, je défis les courrois et les boucles, j'enlevai l'armure, et appuyai mon mouchoir contre son flanc pour arrêter le sang.

— J'espère que vous ne l'avez pas tué, Micah ? dit-il soudain, en ouvrant les yeux.

— Une puissance plus haute que la nôtre l'a jugé, Ruben, répondis-je.

— Pauvre diable ! Bien des choses ont contribué à l'aigrir, dit-il à demi-voix.

Puis il eut un nouvel évanouissement.

Agenouillé près de lui, je remarquai la pâleur, la respiration pénible du jeune homme, et je songeai à son caractère simple, si bon, à l'affection que j'avais eu si peu de peine à mériter, et je n'ai aucune honte à en convenir, mes chers enfants, bien que je sois assez lent à éprouver des émotions, mes larmes se mêlèrent à son sang.

Le hasard voulut que Decimus Saxon, dans un moment de loisir, montât au clocher pour nous regarder avec sa lunette et voir comment nous nous tirions d'affaire.

Il remarqua quelque chose de suspect et descendit en hâte pour aller à la recherche d'un chirurgien habile, qu'il amena auprès de nous avec une escorte de piquiers.

J'étais resté à genoux près de mon ami sans connaissance, et faisant pour le secourir ce que peut faire un ignorant, quand la troupe arriva et m'aida à le transporter dans le cottage, à l'abri du brûlant soleil.

Les minutes me parurent des heures pendant que l'homme de l'art, l'air grave, examinait et sondait la blessure.

— Elle ne sera probablement pas mortelle, dit-il enfin.

Sur ces mots, je l'aurais presque embrassé.

— La lame a rebondi sur une côte, non sans faire une légère déchirure au poumon. Nous allons le transporter avec nous à la ville.

— Vous l'entendez ? dit Saxon, d'un ton amical. C'est un homme dont l'opinion a du poids.

Un médecin habile vaut à lui seul
bien plus que cent hommes de guerre.

Du courage, l'ami. Vous êtes aussi pâle que si c'était vous et non lui qui aviez subi la saignée. Où est Derrick ?

— Noyé dans le marais, répondis-je.

— Tant mieux, cela nous économisera six pieds de bonne corde. Mais ici notre position est assez dangereuse, car la cavalerie royale pourrait bien nous assaillir. Qu'est-ce que cette bambine si pâle et si tranquille qui est assise dans le coin ?

— C'est la gardienne de la maison. Sa grand' mère l'a laissée ici.

— Vous feriez mieux de venir avec nous. Il se fera peut-être une rude besogne ici avant que tout soit fini.

— Non, il faut que j'attende grand'mère, répondit-elle, les joues inondées de larmes.

— Mais si moi je vous conduisais près de grand'mère, ma petite ? demandai-je. Nous ne pouvons pas vous laisser ici.

Je lui tendis les bras. L'enfant s'y élança et se serra contre ma poitrine, en sanglotant comme si son cœur se brisait.

— Emmenez-moi, cria-t-elle. J'ai peur.

Je calmai du mieux que je pus la petite créature tremblante et l'emportai sur mon épaule.

Les faucheurs avaient passé les hampes de leurs longues armes dans les manches de leurs justaucorps de façon à en former une sorte de couchette, une civière sur laquelle on étendit le pauvre Ruben.

Une légère couleur était revenue à ses joues, grâce à un cordial administré par le chirurgien, et il adressait à Saxon des signes de tête et des sourires.

On partit ainsi, d'un pas lent, pour retourner à Bridgwater.

Ruben fut transporté à notre logement, et je conduisis la fillette chez de bonnes gens de la ville qui promirent de la ramener chez elle dès que l'agitation aurait cessé.

VI

La Bataille de Sedgemoor.

Si pressants que fussent nos chagrins et nos besoins personnels, nous n'avions guère de loisir de nous y arrêter, car le moment approchait où allait se décider non seulement notre destinée à nous, mais encore celle de la cause protestante en Angleterre.

Aucun de nous ne traïtait le danger à la légère.

Il n'eut fallu rien moins qu'un miracle pour nous éviter une défaite et la plupart d'entre nous étaient convaincus que le temps des miracles était passé.

D'aucuns néanmoins pensaient autrement.

Je crois que bon nombre de Puritains, s'ils avaient vu le ciel s'ouvrir cette nuit-là et les armées des Séraphins et des Chérubins en descendre à notre aide, auraient regardé cela comme un événement qui n'avait rien de merveilleux, rien d'inattendu.

Toute la ville retentissait de prêches.

Chaque escadron, chaque compagnie avait son prédicant de prédilection, parfois plus d'un, pour lui faire des harangues, des commentaires.

Montés sur des tonneaux, sur des chars, ou par les fenêtres, et même du haut des toits, ils exhortaient la foule au dessous d'eux.

Et leur éloquence ne se dépensait point en vain. Des clameurs rauques, sauvages, s'élevaient des rues, mêlées de prières et d'exclamations désordonnées.

Les hommes étaient ivres de religion, comme de vin.

Ils avaient la figure échauffée, la langue pâteuse, les gestes fous.

Sir Stephen et Saxon échangeaient des sourires à ce spectacle, car en vieux soldats qu'ils étaient, ils savaient que parmi les causes qui rendent un homme vaillant en prouesses et insouciant de la vie, il n'en est point qui soit plus énergique et plus persistante que cet accès religieux.

Le soir, je trouvai le temps de rendre visite à mon ami blessé et le vis adossé à des oreillers, étendu sur son lit, respirant avec quelque difficulté, mais aussi en train, aussi gai que d'ordinaire.

Notre prisonnier, le Major Ogilvy, qui s'était pris d'une vive affection pour nous, était assis près de son lit et lui lisait un vieux recueil de pièces de théâtre.

— Cette blessure est survenue à un fâcheux moment, disait Ruben avec impatience. N'est-ce pas trop fort qu'une légère piqûre comme celle-là envoie mes hommes au combat sans leur chef, après tant de marches et d'exercices ? J'ai été là quand on disait les grâces et je n'aurai pas à dîner.

— Votre compagnie a été réunie à la mienne, répondis-je. Ce qui n'empêche pas que ces braves gens soient fort abattus de n'avoir point leur capitaine. Le médecin est-il venu vous voir ?

— Il vient de sortir, dit le Major Ogilvy, et il déclare que l'état de notre ami s'améliore, mais il m'a conseillé de ne point le laisser causer.

— Vous entendez, mon garçon? dis-je en le menaçant du doigt. Si je vous entends dire un seul mot, je m'en vais. Vous allez échapper à un rude réveil cette nuit, major. Que pensez-vous de nos chances?

— Je n'en ai jamais auguré rien de bon dès le début, répondit-il avec franchise, Monmouth agit comme un joueur ruiné, qui risque sa dernière pièce de monnaie sur le tapis vert. Il ne peut gagner beaucoup, mais il peut perdre tout.

— Ah ! voilà une affirmation bien tranchante, dis-je. Un succès ferait peut-être prendre les armes à tous les comtés de l'intérieur.

— L'Angleterre n'est pas mûre pour cela, répondit le Major, en hochant la tête. Sans doute elle n'est pas enchantée soit du Papisme, soit d'un Roi papiste, mais nous savons que ce n'est là qu'un fléau passager, puisque l'héritier du trône, le Prince d'Orange, est protestant. Dès lors pourquoi s'exposer à tant de maux pour arriver à un résultat que le temps, uni à la patience, amènera sûrement ? En outre, l'homme que vous soutenez a prouvé qu'il est indigne de confiance. N'a-il point promis dans sa Déclaration de laisser aux Communes le choix du monarque? Et pourtant, moins de huit jours après, ne s'est-il pas proclamé Roi devant la Croix du Marché, à Taunton? Comment croire un homme qui a aussi peu d'égards pour la vérité?

— Trahison, Major, trahison scandaleuse! répondis-je en riant. Sans doute si nous pouvions commander un chef comme on commande un habit, nous aurions peut-être choisi un chef d'un tissu plus solide. Ce n'est point lui que nous soutenons par les armes, ce sont les libertés et les droits antiques des Anglais. Avez-vous vu Sir Gervas ?

Le Major Ogilvy et Ruben lui-même éclatèrent de rire.

— Vous le trouverez dans la chambre au-dessus. Jamais homme à la mode ne se prépara pour un bal à la Cour avec autant de soin qu'il en prend pour le combat. Si les troupes du Roi le font prisonnier, elles s'imagineront certainement qu'elles tiennent le Duc. Il est venu ici nous demander notre avis au sujet de ses mouches, de ses culottes, et je ne sais quoi encore. Vous ferez mieux d'y aller.

— Alors, adieu, Ruben, dis-je en lui serrant la main.

— Adieu, Micah! et que Dieu vous garde de tout mal! dit-il.

— Puis-je vous dire un mot à part, major? fis-je tout bas...

Et je repris :

— Vous ne direz pas, je pense, qu'on vous a rendu votre captivité bien pénible. Dès lors, puis-je vous demander de veiller sur mon ami, dans le cas où nous serions défaits cette nuit? A n'en pas douter, si Feversham a le dessus, il se fera ici une sanglante besogne. Ceux qui seront sains et saufs, s'en tireront comme ils pourront mais lui, il est réduit à l'impuissance, et il aura besoin d'un ami.

Le Major me serra la main.

— J'en prends Dieu à témoin, dit-il. Il ne lui arrivera rien de fâcheux.

— Vous m'avez soulagé le cœur d'un grand poids, répondis-je, car je sais que je le laisse en sûreté. Je puis maintenant monter à cheval pour aller au combat l'esprit dispos.

Le soldat me répondit par un sourire amical et retourna dans la chambre du malade, pendant que je montais l'escalier et entrais dans le logis de Sir Gervas Jérôme.

Il était debout devant une table encombrée de pots, de brosses, de boîtes, d'une vingtaine d'autres menus objets achetés ou empruntés pour la circonstance.

Un grand miroir à main était posé contre le mur, entre deux chandelles allumées.

Devant lui, le baronnet, dont la belle et pâle figure avait une expression des plus sérieuses, des plus solennelles, arrangeait une cravate blanche de *berdash*.

Ses bottes de cheval reluisaient du plus bel éclat et la couture rompue avait été refaite.

Son baudrier, sa cuirasse, ses courroies, tout était propre et brillant.

Il avait revêtu son costume le plus pimpant, le plus neuf, et avant tout il avait *arboré* une très noble et très imposante perruque entière, dont les boucles retombaient sur ses épaules.

Depuis son coquet chapeau de cavalier jusqu'à ses éperons brillants, il n'avait pas sur lui un atome de poussière, pas une tache, ce qui contrastait fâcheusement avec mon aspect, car j'étais encore tout couvert d'une croûte épaisse laissée par la vase des marais de Sedgemoor, et les courses à cheval et la besogne faite, pendant ces deux jours sans trêve ni repos, avaient complété le désordre de ma toilette.

— Qu'on me coupe en deux, si vous n'êtes pas

venu au bon moment! s'écria-t-il dès mon entrée. Je viens d'envoyer en bas l'ordre de me monter un flacon de vin des Canaries. Ah! le voilà arrivé.

A ce moment-là, une servante de l'hôtellerie entrait d'un pas menu avec la bouteille et les verres.

— Voici une pièce d'or, ma belle enfant. C'est bien la dernière qui me reste au monde, la seule survivante d'une assez belle famille. Payez le vin à l'hôtelier, ma petite, et gardez la monnaie. Vous vous en achèterez des rubans pour la fête prochaine. Que le diable m'emporte, je n'arrive pas à arranger cette cravate sans qu'elle fasse des plis!

— Il n'y a rien qui aille de travers, répondis-je. Comment peut-on s'occuper de pareilles bagatelles en un moment comme celui-ci?

— Bagatelles! cria-t-il d'un ton fâché. Bagatelles! Bah, après tout, ce n'est pas la peine d'argumenter avec vous, votre intelligence bucolique ne s'élèverait jamais à concevoir les fines conséquences qu'il peut y avoir dans de pareilles affaires, le repos d'esprit que l'on éprouve quant tout est bien ordonné, et le malaise cruel quand quelque chose est de travers. Cela vient sans doute de l'éducation, et il peut se faire que j'en aie plus que d'autres personnes de ma condition. Je suis comme un chat qui passerait toute la journée à se lécher pour enlever jusqu'à la dernière parcelle de poussière. Cette mouche au-dessus du sourcil n'est-elle pas heureusement placée? Non, vous n'êtes pas même capable d'exprimer une opinion. Je préférerais demander l'avis de l'ami Marot, le chevalier du pistolet. Remplissez votre verre.

— Votre compagnie vous attend près de l'église, répondis-je. Je l'ai aperçue sur mon passage.

— Quel air avait-elle? demanda-t-il. Les hommes étaient-ils poudrés, propres?

— Ah! pour cela, je n'ai pas eu le temps de le remarquer. J'ai vu qu'ils coupaient leurs mèches et préparaient leurs amorces.

— J'aimerais mieux qu'ils eussent des fusils à pierre, répondit-il en s'aspergeant d'eau de senteur. Les fusils à mèche sont lents à charger et encombrants. Avez-vous assez de vin?

— Je n'en prendrai pas davantage, dis-je.

— Alors peut-être le Major se chargera de le finir. Il ne m'arrive pas souvent de demander qu'on m'aide à boire une bouteille, mais je veux avoir toute ma tête à moi cette nuit. Descendons et allons voir nos hommes.

Il était dix heures quand nous fûmes dans la rue.

Le bourdonnement des prêcheurs et les cris du peuple s'étaient éteints, car les régiments s'étaient formés et se tenaient silencieux, résolus.

La faible lueur des lampes et des fenêtres se jouait sur leurs rangs noirs et serrés.

Une lune froide et claire brillait sur nous entre des nuages laineux, qui de temps à autre passaient sur elle.

Bien loin vers le nord, de tremblants rayons de lumière papillottaient au ciel, allaient et venaient comme de longs doigts fiévreux.

C'était une aurore boréale, un spectacle qui se voit rarement dans les comtés du Sud.

Il n'est donc guère étonnant qu'en un moment pareil les fanatiques le fissent remarquer en l'interprétant comme un signe venu de l'autre monde, en le comparant à la colonne de feu qui guidait Israël à travers les périls du désert. Les trottoirs et les fenêtres étaient encombrés de femmes et d'enfants qui jetaient des exclamations aiguës de crainte ou d'étonnement, selon que l'étrange lueur croissait ou s'effaçait.

— C'est pour dix heures et demie sonnant à l'horloge de Saint-Marc, dit Saxon, pendant que nous rejoignions à cheval le régiment. N'avons-nous rien à donner aux hommes?

— Il y a un tonneau de cidre de Zoyland dans la cour de cette hôtellerie, dit Sir Gervas. Ohé! Dawson, prenez-moi ces agrafes de manche en or et donnez-les en échange à monsieur l'hôtelier. Je veux être pendu, s'ils vont au combat avec de l'eau clair dans le corps.

— Ils en sentiront le besoin avant que le matin se lève, dit Saxon, pendant qu'une vingtaine de piquiers couraient à l'hôtellerie. L'air des marais a pour effet de glacer le sang.

— J'ai déjà froid, et Covenant bat des pieds pour la même raison, dis-je. Ne pourrions-nous pas, si nous en avons le temps promener nos chevaux au trot le long des lignes?

— Certainement, répondit Saxon avec joie, nous ne pouvons rien faire de mieux.

Aussi donc, agitant les rênes, nous partîmes, les fers des chevaux tirant des étincelles des pavés en silex, sur notre route.

Derrière la cavalerie, et formant une longue ligne, qui s'étendait de la porte d'Eastover, en passant par la Grande-Rue, jusqu'au Cornill, puis longeait l'église et finissait à la Croix du Porc, notre infanterie était rangée, silencieuse et farouche, excepté quand une voix de femme partant d'une fenêtre, était suivie d'une grave et courte réponse dans les rangs.

La lumière capricieuse se reflétait sur les lames des faux ou les canons des fusils et montrait les lignes de figures taillées à la hache, contractées.

Les unes étaient celles de vrais enfants sans un poil aux joues ; les autres, celles de vieillards dont les barbes grises descendaient jusqu'à leurs buffleteries entrecroisées, mais toutes portaient l'empreinte du courage obstiné, de la résolution farouche qui se concentre sur elle-même.

Il y avait encore ici des pêcheurs du Sud, les rudes hommes venus des Mendips, les sauvages chasseurs de Porlok Quay et de Minehead, les braconniers d'Exmoor, les habitants velus des marais d'Axbridge, les montagnards des Quantocks, les ouvriers en laine et en serge du Comté de Devon, les marchands de bestiaux de Bampton, les habits rouges de la milice, les solides bourgeois de Taunton, puis ceux qui en formaient l'élite, la véritable force, les braves paysans des plaines, en blouses.

Ils avaient relevé les manches de leurs jaquettes, et montraient leurs bras brunis et musculeux, ainsi que c'était leur habitude, quand il y avait de bonne besogne à faire.

Pendant que je vous parle, chers enfants, cinquante ans s'effacent comme un brouillard matinal, et je me revois chevauchant par la rue tortueuse, je revois les rangs compactes de mes braves compagnons.

Braves cœurs! Ils montrèrent à tous les temps combien il faut peu d'entraînement pour faire de l'Anglais un soldat, et quelle race d'hommes se forme dans ces tranquilles, ces paisibles hameaux qui sont parsemés sur les pentes ensoleillées des dunes dans les Comtés de Somerset et de Devon.

Si jamais l'Angleterre tombait à genoux sous un coup, si ceux qui se battent pour elle l'abandonnaient et qu'elle se vît désarmée en face de son ennemi, qu'elle reprenne cœur, qu'elle se rappelle que tout village du royaume est une caserne, que sa véritable armée permanente consiste dans le courage, l'endurance et la vertu simple toujours présents dans le cœur du plus humble des paysans.

Pendant que nous passions à cheval devant la longue ligne, un lourd murmure de salutations et de bienvenue montait par intervalles des rangs, quand ils voyaient passer la sombre silhoutte de Saxon, avec sa grande taille et sa maigreur.

L'horloge commençait à sonner onze heures lorsque nous revînmes près de nos hommes.

A ce moment même, le Roi Monmouth sortit de l'hôtellerie, qui lui servait de quartier général, et descendit au trot la Grande Rue, suivi de son état-major.

Les acclamations avaient été interdites, mais les bonnets qu'on y agitait, les armes qu'on brandissaient, témoignaient de l'ardeur de ses dévoués partisans.

Le clairon ne devait pas commander la marche, mais à mesure que chacun recevait l'ordre, celui qui le suivait faisait la même manœuvre.

Le vacarme et le bruit sourd de centaines de pieds en mouvement se faisaient entendre de plus en plus près, jusqu'au moment où les gens de Frome, qui nous précédaient, se mirent en route, et nous commençâmes enfin le voyage qui devait être le dernier de ce monde pour beaucoup d'entre nous.

Nous devions traverser la Parret, passer par Eastover et suivre ensuite le chemin tortueux jusqu'au delà du point où Derrick avait trouvé la mort et du cottage isolé où nous avions vu la fillette.

A partir de là, la route devient un simple sentier tracé à travers la plaine.

Une brume dense s'étendait sur la lande, s'épaisissait encore dans les creux et cachait à la fois la ville, que nous avions quittée, et les villages vers lesquels nous marchions.

De temps à autre, elle se dissipait un instant, et alors je voyais sans peine, grâce au clair de lune, la longue ligne noire et serpentine de l'armée, piquée des éclairs que renvoyait l'acier et les grossiers étendards blancs qu'agitait la brise de la nuit.

Bien loin vers la droite montait une grande flamme.

Sans doute c'était une ferme devenue la proie des diables de Tanger.

Nous avançions avec une grande lenteur, avec de grandes précautions, car, ainsi que nous l'avait appris Sir Stephen Timewell, la plaine était sillonnée de tranchées profondes, les *rhines*, que nous ne pouvions franchir qu'en certains endroits.

Ces fossés avaient été creusés dans le but de drainer des terres marécageuses.

Ils étaient remplis d'eau et de vase à la profondeur de plusieurs pieds, en sorte que la cavalerie elle-même ne pouvait les traverser. Les ponts étaient étroits, et il fallut assez longtemps à l'armée pour y défiler.

Enfin, les deux derniers, et les principaux, le Fossé Noir et le Rhin de Langmoor, furent franchis sans accident.

On commanda une halte pour mettre l'infanterie en ligne, car nous avions lieu de croire qu'il ne se trouvait pas d'autres troupes entre le camp royal et nous.

Jusqu'à ce moment, notre entreprise avait admirablement réussi.

Nous étions arrivés à un demi-mille du camp sans qu'il y eût eu de méprise ou d'accident.

Les éclaireurs de l'ennemi n'avaient pas donné le moindre signe de leur présence.

Evidemment il éprouvait à notre égard tant de dédain, qu'il ne lui était pas même venu à l'esprit que nous pourrions commencer l'attaque.

Si jamais un général mérita d'être défait, ce fut Feversham, cette nuit-là!

Comme nous avancions sur la lande, l'horloge de Chedzoy sonna une heure.

— N'est-ce pas magnifique? dit à demi-voix Sir Gervas, quand nous repartîmes sur l'autre bord du Rhin de Langmoor. Est-il rien au monde qui se puisse comparer à l'émotion présente.

— Vous parlez comme s'il s'agissait d'un combat de coq ou d'une course de taureau, répondis-je avec quelque froideur. C'est un moment solennel et triste, quel que soit le vainqueur, c'est du sang anglais qui va détremper le sol de l'Angleterre.

— Il n'y en aura que plus de place pour ceux qui resteront, dit-il d'un ton léger. Regardez-moi, par là-bas, ces feux de leur bivouac, qui brillent à travers le brouillard. Quelle était donc la recommandation que vous faisait votre ami le marin? Prenez bien leur côté sous le vent, puis... à l'abordage! Hé, en avez-vous parlé au colonel?

— Ah! non, ce n'est pas le moment de faire des plaisanteries, des jeux de mots, répondis-je d'un ton grave. Il y a des chances pour que bien peu d'entre nous voient le soleil se lever demain.

— Je ne suis pas très curieux de le voir, fit-il en riant. Il sera quelque chose de fort semblable à celui d'hier. Par ma foi! bien que je ne me sois jamais levé pour en voir un en ma vie, il m'est arrivé d'en voir des centaines avant de me mettre au lit.

— J'ai dit à l'ami Ruben les quelques choses que je désire dans le cas où je succomberais, dis-je. J'ai éprouvé un grand soulagement d'esprit, en songeant que je laisse derrière moi quelques mots d'adieu, et un petit souvenir à tous ceux que j'ai connus. Puis-je vous offrir un service de ce genre?

— Hum ! fit-il d'un air distrait, si je suis sous terre, vous pouvez en avertir Araminte... Non ! laissons tranquille cette pauvre donzelle. Pourquoi lui envoyer des nouvelles qui l'ennuieraient ?... Si par hasard vous allez à la Ville, le petit Tommy Chichester serait content d'apprendre les farces que nous avons faites dans le Somerset. Vous le trouverez « au Cocotier » tous les jours de la semaine de deux à quatre heures sonnant. Il y a aussi la mère Butterworth, que je recommanderais à votre attention. Elle fut la reine des nourrices, mais hélas, la cruauté du temps a tari la source de son métier, et elle a besoin qu'on s'occupe un peu de la nourrir elle-même.

— Si je vis et que vous mourriez, je ferai tout ce qui sera possible pour elle, répondis-je. Avez-vous autre chose à me dire ?

— Seulement que Hacker, de la Cour Saint-Paul, n'a pas son pareil pour les vestes, répondit-il. C'est un renseignement de peu de valeur, mais il a été acheté et payé, comme tout ce qu'on apprend. Encore une chose. Il me reste un ou deux bijoux qui pourraient servir à faire un présent à la jolie Puritaine, si notre ami la conduisait à l'autel. Ah sur ma vie, elle lui fera lire de singuliers livres. Où en sommes-nous maintenant, colonel ? Pourquoi restons-nous là plantés sur la lande, comme une rangée de hérons parmi les roseaux ?

— On met l'armée en ligne pour l'attaque, dit Saxon, qui était arrivé à cheval pendant notre entretien. Eclair et tonnerre ! A-t-on jamais vu un camp aussi exposé à un assaut. Ah ! si j'avais douze cents bons cavaliers, les Pandours de Wessemburg pour une heure seulement ! Comme je vous les foulerais aux pieds, jusqu'à ce que leur camp ait l'air d'un champ de blé vert après la grêle.

— Notre cavalerie ne peut-elle pas avancer?

Le vieux soldat eut un profond reniflement de dédain.

— Si cette bataille peut être gagnée, il faut qu'elle le soit par notre infanterie. Qu'attendre d'une pareille cavalerie ? Tenez vos hommes bien en main, car nous aurons peut-être à soutenir le choc des dragons du Roi. On pourrait nous attaquer de flanc, car nous sommes au poste d'honneur.

— Il y a des troupes à notre droite, répondis-je, en sondant les ténèbres du regard.

— Oui, les bourgeois de Taunton et les paysans de Frame. Notre brigade couvre le flanc gauche. A côté de nous se trouvent les mineurs de Mendip, et je ne pouvais désirer de meilleurs camarades, si leur ardeur ne l'emporte pas sur la prudence. En ce moment, ils sont agenouillés dans la boue.

— Ils ne s'en battront pas plus mal pour cela, remarquai-je, mais voici que les troupes se mettent en marche.

— Oui, oui, dit Saxon, d'un ton joyeux, en tirant son épée et roulant son mouchoir autour de la poignée pour la tenir plus ferme. L'heure est venue ! En avant !

Nous partîmes avec grande lenteur et sans bruit à travers l'épais brouillard, nos pieds écrasant la vase du sol détrempé et y glissant.

Malgré toutes les précautions possibles, la marche d'un aussi grand nombre d'hommes ne pouvait se faire sans produire un son sourd et accentué, sous des milliers de pieds en mouvement.

En avant de nous, des taches d'une lumière rougeâtre papillotant à travers le brouillard indiquaient les feux des postes avancés du Roi.

Juste en avant de nous, marchait notre cavalerie formée en une colonne compacte.

Tout à coup, du fond de l'obscurité partit un *qui vive* retentissant, suivi d'une détonation de carabine, et d'un bruit de galop.

Et sur toute la ligne nous entendîmes crépiter une vive fusillade.

Nous avions atteint la première ligne des avant-postes.

A cette alarme, notre cavalerie chargea en jetant un grand cri et nous la suivîmes aussi vite que nos hommes pouvaient courir.

Nous avions avancé de deux ou trois cents yards sur la lande, et nous entendions très distinctement les coups de clairon du Roi tout près de nous, quand notre cavalerie s'arrêta court, et notre marche en avant fut suspendue.

— Sancta Maria ! cria Saxon se portant en avant avec nous pour reconnaître la cause de cet arrêt. Il faut marcher coûte que coûte. Une halte en ce moment, c'est l'échec de notre camisade.

— En avant, en avant, criai-je en même temps que Sir Gervas et en brandissant nos sabres.

— C'est inutile, messieurs ! cria un cornette de cavalerie en se tordant les mains. Nous sommes perdus, trahis. Il y a devant nous un fossé large d'au moins vingt pieds, sans un passage à gué.

— Qu'on me fasse de la place pour mon cheval et je vais vous faire voir comment on franchit, s'écria le baronnet en faisant reculer son cheval. Maintenant, mes gars, qui veut sauter ?

— Non, monsieur, au nom de Dieu, dit un soldat, en mettant la main sur la bride. Le sergent Sexton vient de faire le saut. Tout est allé au fond, homme et cheval.

— Dans ce cas allons-y voir, dit Saxon en se frayant un pasage à travers la foule des cavaliers.

Nous le suivîmes de tout près et nous nous vîmes enfin au bord de la vaste tranchée qui arrêtait notre élan.

Jusqu'à ce jour, il m'a été impossible de résoudre la question qui se présentait à mon esprit.

Etait-ce par hasard ou par suite d'une trahison de la part de nos guides, que nous avions ignoré l'existence de ce fossé jusqu'au moment où nous nous trouvâmes près de son bord dans l'obscurité.

Certains disent que le Rhin de Bussex, ainsi qu'on le nomme, n'était ni profond ni large, et que pour cette raison les gens des marais n'en avaient point fait mention, mais que les pluies récentes et continuelles lui avaient donné une dimension inconnue jusqu'alors.

D'autres disent que les guides avaient été trompés par le brouillard et que par suite ils avaient pris une fausse direction, alors que nous eussions pu suivre un autre trajet et tomber ainsi sur le camp du roi sans traverser le fossé.

Quoi qu'il en soit, il était certain que nous l'avions en face de nous, large, noir, menaçant, mesurant bien vingt pieds d'un bord à l'autre, et que le bonnet du malchanceux sergent se voyait encore au milieu, comme un silencieux avertissement à quiconque voudrait tenter un passage à gué.

— Il doit y avoir un passage quelque part, criait Saxon avec emportement. Chaque moment vaut un escadron de cavalerie pour eux. Où est Mylord Grey ? Le guide a-t-il été traité comme il le mérite ?

— Le Major Hollis a précipité le guide dans la tranchée, répondit le jeune cornette. Mylord

Grey a suivi les bords à cheval pour trouver un endroit guéable.

Je pris la pique d'un fantassin et la plongeai dans la vase noire et épaisse, au milieu de laquelle j'entrai jusqu'à la ceinture, en tenant de la main gauche la bride de Covenant.

Nulle part je ne trouvai le fond, nulle part un endroit où le pied pût se poser solidement.

— Holà! mon garçon, cria Saxon, en prenant un soldat par le bras, courez à l'arrière-garde, galopez comme si vous aviez le diable à vos trousses. Amenez deux charrettes à vivres, nous allons voir s'il ne nous est pas possible de faire un pont sur cette infernale bouillie.

— Si quelques-uns de nous pouvaient s'établir à l'autre bord, nous tiendrions ferme jusqu'à ce qu'il vienne de l'aide, dit Sir Gervas, dès que le cavalier fut parti pour accomplir sa mission.

Tout le long de la ligne des rebelles courut un sauvage et sourd grondement de rage, qui prouvait que l'armée entière avait rencontré le même obstacle qui s'opposait à notre attaque.

De l'autre côté du fossé, les tambours battaient. Les clairons lançaient des sons aigus et l'on entendait distinctement les appels et les jurons des officiers qui rangeaient leurs hommes.

Des lumières mobiles, à Chedzoy, à Westonzoyland, dans les autres hameaux à droite et à gauche, montraient avec quelle rapidité l'alarme s'étendait.

Décimus Saxon allait et venait le long du fossé, mâchonnant des jurons étrangers, grinçant des dents en sa fureur, se dressant parfois sur ses étriers pour tendre son poing ganté de fer à l'ennemi.

— Pour qui êtes-vous ? cria une voix rauque à travers le brouillard.

— Pour le Roi, hurlèrent les paysans en guise de réponse.

— Pour quel Roi ? cria la voix.

— Pour le Roi Monmouth.

— Alors feu sur eux, garçons !

Et aussitôt une pluie de balles sifflèrent, chantèrent à nos oreilles.

A la vue de la nappe de flamme qui jaillissait de l'obscurité, les chevaux affolés, imparfaitement dressés, s'emportèrent, s'élancèrent à toute vitesse à travers la plaine, indociles aux efforts que faisaient leurs cavaliers pour les arrêter.

Certains prétendent, il est vrai, que ces efforts ne furent pas très sérieux, et que nos cavaliers, découragés par l'échec qu'avait causé le fossé, ne furent pas fâchés de tourner les talons à l'ennemi.

Quand à Mylord Grey, je puis dire avec vérité, je le vis à la faible clarté au milieu des escadrons en fuite, et faisant tout ce que peut faire un brave cavalier pour les forcer à s'arrêter.

Mais ils passèrent, ils disparurent, en traversant comme la foudre les rangs de l'infanterie, puis se dispersèrent sur la lande, laissant leurs compagnies subir tout le choc de la bataille.

— Faces contre terre, les hommes! cria Saxon d'une voix qui domina le fracas de la mousqueterie et les cris des blessés.

Les piquiers et les faucheurs se jetèrent également à terre à son commandement, pendant que les mousquetaires, un genou sur le sol en avant d'eux, chargeaient et tiraient sans avoir d'autre point de mire que les mèches allumées des armes de l'ennemi, qu'on voyait scintiller dans les ténèbres.

Sur toute la ligne, de la droite à la gauche, avait éclaté une fusillade continue, par salves courtes et rapides du côté des soldats, par un tir continuel, irrégulier du côté des paysans.

A l'autre aile, nos quatre canons avaient été mis en position, et nous entendions leur sourd et lointain grondement.

— Chantez, frères, chantez, cria notre intrépide chapelain, Maître Josué Pettigrue, courant fort affairé, en tous sens, par les rangs couchés. Invoquez le Seigneur en notre jour d'épreuve!

Les hommes entonnèrent un hymne sonore de louanges qui devint bientôt un chœur unanime, quand s'y ajoutèrent les voix des bourgeois de Taunton à notre droite et des mineurs à notre gauche.

A ce chant, les soldats de l'autre bord répondirent par des cris farouches et l'air s'emplit de clameurs.

Nos mousquetaires avaient été amenés au bord même du Rhin de Bussex.

Les troupes royales s'étaient rapprochées de leur côté autant qu'elles avaient pu le faire, si bien qu'il n'y avait pas cinq longueurs de pique entre les deux lignes.

Et pourtant si infranchissable était cette étroite séparation qu'un quart de mille ne nous eut pas tenus plus à l'écart, excepté que le feu était plus meurtrier.

Nous étions si rapprochés que les bourres enflammées des mousquets de l'ennemi volaient en langues de feu par-dessus nos têtes et que nous sentions sur nos figures un courant d'air chaud passer rapidement à chacune de leurs décharges.

Mais bien que l'atmosphère fût traversée par une véritable pluie de balles, les soldats visant trop haut par dessus nos rangs agenouillés, nous n'eûmes que peu d'hommes d'atteints.

De notre côté, nous faisions de notre mieux pour empêcher les hommes de relever trop haut les canons des mousquets.

Saxon, Sir Gervas et moi, nous passions à cheval sans interruption devant la ligne, allant et venant, abaissant les canons avec nos sabres, exhortant les hommes à viser posément, lentement.

Les gémissements et les cris qui partaient de l'autre bord nous prouvèrent que du moins quelques-unes de nos balles n'avaient pas été tirées en vain.

— Nous tenons ferme par ici, dis-je à Saxon. Il me semble que leur feu se ralentit.

— C'est leur cavalerie que je crains, répondit-il, car ils peuvent éviter le fossé, puisqu'ils viennent des hameaux situés sur nos flancs. Ils peuvent tomber sur nous à n'importe quel moment.

— Hallo ! monsieur, cria Sir Gervas, en arrêtant son cheval sur l'extrême bord du fossé, et se découvrant pour saluer un officier monté qui était de l'autre côté, pouvez-vous nous dire si nous avons l'honneur de combattre la garde à pied ?

— Nous sommes le régiment de Dumbarton, monsieur, cria l'autre. Nous allons vous envoyer de quoi vous souvenir de votre rencontre avec nous.

— Nous allons traverser bientôt pour faire plus ample connaissance, répondit Sir Gervas.

Mais au même instant, cheval et cavalier roulèrent dans le fossé, aux cris triomphants des soldats.

Une demi-douzaine de ses mousquetaires s'élancèrent aussitôt dans la vase jusqu'à la taille et tirèrent de danger notre ami, mais sa monture atteinte d'une balle en plein cœur s'effondra sans se débattre.

— Il n'y a pas de mal, s'écria le baronnet, en

se relevant. J'aime autant combattre à pied, comme mes braves mousquetaires.

A ces mots les hommes lancèrent une sonore acclamation et de part et d'autre la fusillade redoubla d'activité.

Ce fut un sujet d'admiration pour moi, et aussi pour bien d'autres, que la vue de ces braves paysans qui, la bouche pleine de balles, chargeaient, amorçaient, faisaient feu avec autant de sang-froid que s'ils n'avaient fait autre chose de leur vie, et tenaient tête à un régiment de vétérans qui avaient donné sur d'autres champs de bataille la preuve qu'il n'était inférieur à aucun des régiments anglais.

La lueur grise de l'aube se glissait sur la lande, et la lutte était encore indécise.

Le brouillard était suspendu au-dessus de nous en lambeaux effilochés, et la fumée de nos mousquets s'en allait en nuages brun, à travers lequel les longues lignes d'habits rouges se dessinaient de l'autre côté du Rhin pareilles à un bataillon de géants.

J'avais les yeux cuisants, les lèvres desséchées par la saveur de la poudre.

De tous côtés, mes hommes tombaient plus nombreux, car le surplus de lumière avait rendu le tir des soldats plus précis.

Notre bon chapelain interrompit son psaume au beau milieu pour lancer à tue-tête une phrase de louanges et d'action de grâces, et ce fut ainsi qu'il trépassa, en compagnie de ses paroissiens qui gisaient autour de lui sur la lande.

Williams *Mon-Espoir-est-au-Ciel* et le garde-chasse Wilson, parmi les sous-officiers et les plus vaillants des hommes de la compagnie, étaient tous deux à terre, l'un mort, l'autre grièvement blessé, ce qui ne l'empêchait pas d'enfoncer la baguette du fusil et de cracher des balles dans le canon.

Les deux Stukeley, de Somerton, jumeaux d'un bel avenir, étaient étendus muets, leurs figures livides tournées vers le ciel, unis dans la mort comme à leur naissance.

Partout les morts s'entassaient parmi les vivants.

Et pourtant pas un ne cédait la place et Saxon continuait toujours sa promenade à cheval au milieu d'eux, avec des paroles d'espoir et d'éloge.

Sa figure résolue, aux traits profondément marqués, sa haute taille pleine de vigueur musculaire étaient un véritable phare d'espérance, aux yeux de ces simples campagnards.

Ceux de mes faucheurs, qui pouvaient manier un mousquet, étaient mêlés à la ligne des tireurs, après avoir pris les armes et les munitions des hommes tombés.

La lumière croissait graduellement.

A travers les intervalles dans la fumée et le brouillard, je pus voir quelle tournure prenait la lutte sur d'autres points du champ de bataille.

A droite, la lande avait pris une teinte brune, celle des hommes de Taunton et de Frome, qui s'étaient couchés comme nous, pour éviter le feu.

Le long des bords du Rhin de Bussex, une ligne épaisse de leurs mousquetaires échangeaient des salves meurtrières, presque à bout portant avec l'aile gauche des régiments même que nous combattions.

Celui-ci était soutenu par un second régiment aux larges revers blancs, qui, je crois, faisait partie de la milice du Comté de Wilts.

Sur chacun des deux bords de la noire tranchée, une dense rangée de cadavres, bruns d'un côté, vêtus d'écarlate de l'autre servait de rideau à leurs camarades, qui s'abritaient derrière elle, et appuyaient les canons de leurs mousquets sur les corps étendus.

A gauche, parmi les osiers, étaient postés cinq cents mineurs de Mendip et de Bagworthy.

Ils chantaient à tue-tête, mais si mal armés qu'ils avaient à peine un mousquet à dix hommes pour répondre au tir qui les assaillait.

Ne pouvant avancer, se refusant à reculer, ils se couvraient du mieux qu'ils pouvaient, et attendaient patiemment que leurs chefs prissent un parti sur ce qu'il y avait à faire.

Plus loin, sur une étendue d'un demi-mille ou davantage, le long nuage flottant de fumée, d'où jaillissaient capricieusement des éclairs, prouvait que nos régiments de recrues faisaient tous bravement leur part de la tâche.

A la gauche, l'artillerie avait cessé son feu.

Les canonniers hollandais avaient laissé les insulaires arranger leurs affaires entre eux.

Ils s'enfuirent jusqu'à Bridgwater, abandonnant leurs pièces à la cavalerie royale.

Tel était l'aspect de la bataille quand un cri se fit entendre

— Le Roi, le Roi!

Et Monmouth passa à cheval dans nos rangs, la tête nue, les yeux hagards, accompagné de Buyse, de Wade et d'une demi-douzaine d'autres.

Ils s'arrêtèrent à une longueur de pique de moi, et Saxon, jouant de l'éperon pour les rejoindre, leva son épée pour saluer.

Je ne pus m'empêcher de remarquer le contraste que faisait la mine calme et grave du vétéran, réfléchi en même temps que plein de vivacité, avec l'air à moitié égaré de l'homme que nous étions contraints de considérer comme notre chef.

— Qu'en pensez-vous, Colonel Saxon? cria-t-il d'une voix éperdue. Comment marche la bataille? Tout va-t-il bien de votre côté? Quelle erreur, hélas! quelle erreur! Allons-nous battre en retraite? Qu'en dites-vous?

— Nous tenons ferme ici, Majesté, répondit Saxon. M'est avis que si nous avions quelque chose dans le genre des palissades, des chevaux de frise, à l'espagnole, nous pourrions tenir tête même à la cavalerie.

— Oh ! la cavalerie ! s'écria l'infortuné Monmouth. Si nous nous tirons d'ici, Lord Grey aura des comptes à rendre. Elle s'est sauvée comme un troupeau de mouton. Quel chef pourrait tirer un parti quelconque de pareilles troupes ? Ah ! malheur ! malheur ! Ne marcherons-nous pas en avant ?

— Il n'y a aucune raison pour avancer, Majesté, maintenant que la surprise a échoué, dit Saxon. J'ai envoyé chercher des charrettes pour faire un pont sur la tranchée, conformément au plan qui est recommandé dans le traité *De Vallis et fossis*, mais elles sont inutiles pour le moment. Nous ne pouvons que combattre dans la position où nous sommes.

— Jeter des troupes de l'autre côté, ce serait les sacrifier, dit Wade. Nous avons fait de grosses pertes, mais d'après le coup d'œil que présente le bord opposé, je trouve que vous avez arrangé proprement les habits rouges.

— Tenez ferme, au nom de Dieu, tenez ferme ! cria Monmouth, d'un ton d'affolement. La cavalerie a fui, l'artillerie aussi. Oh ! que faire avec de pareilles gens ? Que dois-je faire, hélas ! hélas !

Il éperonna son cheval et partit au galop le long de la ligne continuant à se tordre les mains et à pousser ses lugubres lamentations.

Oh ! mes enfants, c'est peu de chose, bien peu chose que la mort, mise en balance contre le deshonneur.

Si cet homme s'était résigné silencieusement à son sort, comme le fit le moindre des fantassins qui avait suivi son drapeau, combien nous aurions été fiers et contents de parler de lui, de notre chef de sang princier.

Mais laissons-le de côté.

Les craintes, les agitations, les menues marques d'émotion bienveillante qui se produisaient à sa vue comme la brise sur l'eau, sont maintenant dissipées pour bien des années.

Ne songeons qu'à son bon cœur et oublions sa faiblesse de caractère.

Pendant que son escorte se formait pour le rejoindre, le grand Allemand se sépara d'elle et revint auprès de nous.

— J'en ai assez d'aller et de venir au trot comme un cheval de manège dans une fête foraine, dit-il. Si je reste avec vous, j'entends avoir une part de tous les combats qui se livreront. Tout doux, ma chérie ! Cette balle lui a écorché la queue, mais elle est trop vieux soldat pour faire la grimace pour des bagatelles. Hallo ! l'ami, où est votre cheval ?

— Au fond du fossé, dit Sir Gervas en râclant avec la lame de son sabre la boue qui couvrait ses habits. Il est maintenant deux heures passées, et voici une bonne heure que nous nous amusons à ce jeu d'enfants. Et avec un régiment de ligne, encore! Ce n'est pas ce que j'attendais.

— Vous allez avoir bientôt de quoi vous consoler, s'écria l'Allemand, dont les yeux brillèrent. Mein Gott! N'est-ce pas splendide! Regardez-moi cela, ami Saxon, regardez-moi cela.

Ce n'était point un menu détail, ce qui avait éveillé l'admiration du soldat.

Dans la buée épaisse, qui s'étendait sur notre droite, apparurent d'abord quelques rayons de lumière argentée, en même temps qu'un bruit sourd comme un roulement de tonnerre arriva à nos oreilles, comme celui du flot qui assaillit une côte rocheuse.

Les éclairs capricieux de l'acier se firent de plus en plus nombreux.

Le bruit rauque prit une ampleur croissante.

Enfin, tout à coup, ce brouillard s'entr'ouvrit, et on en vit sortir toutes les longues lignes de la cavalerie royale, en vagues successives, richement teintes d'écarlate, de bleu, et d'or, un spectacle aussi grandiose qu'on n'en vit jamais.

Il y avait, dans cette marche mesurée, régulière d'un si nombreux corps de cavalerie, je ne sais quoi qui donnait l'idée d'une puissance irrésistible.

Les rangs succédant aux rangs, les lignes aux lignes, drapeaux flottants, crinières au vent, brillants d'acier, ils se déversaient en avant, formant à eux seuls une armée, dont les ailes étaient encore masquées par le brouillard.

Comme ils s'avançaient avec ce bruit de foudre, se touchant du genou, bride contre bride, on entendit venir de leur côté une telle bordée de jurons sonores mêlée au bruissement des harnais, au froissement de l'acier, au battement rythmé d'un nombre infini de sabots, qu'à moins d'avoir tenu bon, une simple pique de sept pieds à la main, contre un pareil ouragan, nul ne saurait comprendre combien il est difficile d'y faire face, les lèvres serrées et la main bien ferme.

Mais si merveilleux que fût ce spectacle, nous n'eûmes guère le loisir de le contempler, comme vous le devinez bien, mes chers enfants.

Saxon et l'Allemand se lancèrent parmi les piquiers et firent tout ce que des hommes peuvent faire pour serrer leurs rangs.

Sir Gervas et moi, nous en fîmes autant pour les hommes armés de faux, qui avaient été exercés à se former sur trois rangs, l'un à genoux, le second le corps penché, le troisième debout, les armes en avant.

Près de nous, les gens de Taunton s'étaient rangés en un cercle sombre, farouche, tout hérissé d'acier, au centre duquel on pouvait voir et entendre leur vénérable maire, dont la longue barbe flottait au vent, dont la voix perçante retentissait sur le champ de bataille.

Le grondement de la cavalerie devenait de plus en plus fort.

— Tenez ferme, mes braves garçons, cria Saxon d'une voix claironnante. Plantez en terre le bout de la pique. Appuyez-la sur le genou droit. Ne cédez pas d'un pouce. Ferme!

Une grande clameur partit des deux côtés, et alors la vague vivante s'abattit sur nous.

Comment espérer de décrire une pareille scène?

Le craquement du bois, les cris brefs, haletants, le renâclement des chevaux, le choc du sabre lancé à tour de bras sur la pique.

Comment espérer qu'on pourra faire voir à autrui ce dont on n'emporte soi-même qu'une impression aussi vague et aussi confuse?

Quiconque a joué ce rôle dans une scène pareille ne se fait aucune idée générale de tout le combat, ainsi que le pourrait un simple spectateur, mais en sa mémoire se gravent les quelques détails que le hasard lui met directement sous les yeux.

C'est ainsi qu'il n'est resté en mes souvenirs qu'un tourbillon de fumée, où se montrent brusquement des casques d'acier, des faces farouches, expressives, des naseaux rouges et béants de chevaux dont les pieds de devant battent l'air, comme pour éviter le tranchant des armes,

Je vois aussi un jeune homme imberbe, un officier de dragons, rampant sur les mains et les genoux jusque sous les faux, et j'entends le gémissement qu'il jette quand un des paysans le cloue à terre.

Je vois un soldat barbu à grosse figure, monté sur un cheval gris et courant le long de la rangée de piques, y cherchant une brèche, et poussant des cris de rage.

Dans de telles circonstances, ce sont les menus détails qui s'impriment dans l'esprit.

Je remarquai même les grosses dents blanches et les gencives rouges de ces hommes.

En même temps, je vis un homme à figure pâle, aux lèvres minces, qui se penchait sur la crinière de son cheval et me lançait un coup de pointe, en jurant comme un dragon seul sait le faire.

Toutes ces images se mettent en mouvement, dès que je songe à cette charge furieuse, pendant laquelle je m'escrimai d'estoc et de taille sur les hommes, sur les chevaux sans songer à parer, ni à me tenir en garde.

De tous côtés s'entendait un vacarme babélique de clameurs, de cris brefs, de pieuses exclamations parmi les paysans, de jurons parmi les cavaliers, mais par-dessus tout cela on discernait la voix de Saxon suppliant ses piquiers de tenir ferme.

Puis, le nuage de cavaliers recula et pivota à travers la plaine.

Le cri de triomphe de mes camarades, et une tabatière, qui me fut présentée ouverte, annoncèrent que nous avions fait tourner le dos aux escadrons les plus solides qui aient jamais suivi un timbalier.

Mais si nous pouvions compter cela comme un succès, l'armée, dans son ensemble, n'était guère en mesure d'en dire autant.

L'élite des troupes avait seul pu résister au flot de grosse cavalerie des cuirassiers.

Les paysans de Frome avaient été entièrement balayés du champ de bataille.

Un grand nombre, cédant par le seul effet du poids et de la pression, avaient été jetés dans la vase fatale qui avait arrêté notre marche en avant.

Beaucoup d'autres, cruellement sabrés, entaillés, gisaient en monceaux affreux à voir sur tout le terrain qu'ils avaient gardé.

Un petit nombre avait échappé au sort de leurs compagnons en se joignant à nous.

Plus loin, les gens de Taunton résistaient toujours, mais bien affaiblis en nombre.

Un long entassement de chevaux et de cavaliers en avant de nous témoignaient de la vivacité de l'attaque et de l'obstination dans la résistance..

A notre gauche, les sauvages mineurs avaient été rompus par le premier choc, mais ils s'étaient battus avec tant de fureur, en se jetant à terre et éventrant les chevaux, par des coups de couteau dirigés en haut, qu'ils avaient enfin fait reculer les dragons.

Mais les miliciens du Comté de Devon avaient été dispersés et avaient subi le sort des gens de Frome.

Pendant toute l'attaque, l'infanterie, postée sur l'autre bord du Rhin de Bussex, n'avait cessé de faire pleuvoir sur nous les balles, et nos mousquetaires, obligés de se défendre contre la cavalerie, n'étaient pas en mesure de riposter.

Il ne fallait pas une grande expérience militaire pour voir que la bataille était perdue et la cause de Monmouth condamnée.

Il faisait déjà grand jour, bien que le soleil ne fût pas encore levé.

Notre cavalerie avait disparu, notre artillerie était muette, notre ligne percée en mains endroits, et plus d'un de nos régiments détruit.

Sur le flanc droit, la cavalerie bleue de la Garde, la cavalerie de Tanger, et deux régiments de dragons se formaient pour une nouvelle attaque.

Sur le flanc gauche, les gardes à pied avaient jeté un pont sur le fossé et se battaient corps à corps avec les hommes du Somerset septentrional.

En face de nous, on entretenait une fusillade continue, à laquelle nous ripostions d'une façon faible et indécise, car les chariots de poudre s'étaient égarés dans l'obscurité, et bien des hommes s'égosillaient à demander des munitions.

D'autres chargeaient avec de petits cailloux, faute de balles.

Ajoutez à cela que les régiments, qui avaient conservé leur terrain, avaient été fortement entamés par la charge, et avaient perdu un tiers de leur effectif.

Cependant les braves paysans persistaient à faire succéder les acclamations aux acclamations, à s'encourager mutuellement par de grosses plaisanteries, comme si une bataille n'était qu'un jeu un peu rude où l'on trouve tout naturel de continuer la partie tant qu'il reste quelqu'un pour y jouer son rôle.

— Le Capitaine Clarke est-il ici? cria Decimus Saxon, arrivant, le bras droit taché de sang. Courez auprès de Sir Stephen Timewell, et dites-lui de réunir ses hommes aux nôtres. Séparément, nous serons rompus. Ensemble nous pourrons repousser une autre charge.

J'éperonnai Covenant et je me dirigeai vers nos compagnons, pour leur transmettre l'ordre.

Sir Stephen, qui avait été atteint par la balle d'un pétrinal et avait un mouchoir tout rougi sur sa tête blanche comme la neige, comprit la sagesse de cet avis et fit marcher ses compatriotes du côté indiqué.

Ses mousquetaires, mieux pourvus de poudre que les nôtres, firent de bonne besogne en arrêtant quelque temps la fusillade meurtrière qui partait de l'autre bord.

— Qui l'aurait cru capable de cela? s'écria Sir Stephen, les yeux flamboyants, lorsque Buyse et Saxon arrivèrent à sa rencontre. Qu'est-ce que vous pensez maintenant de notre noble monarque, de notre champion de la cause protestante.

— Ce n'est pas un très grand homme de guerre, dit Buyse, mais peut-être que cela vient du défaut d'habitude plutôt que du manque de courage.

— Courage? cria le vieux Maire, d'un ton de dédain. Regardez par là-bas, regardez-le votre Roi.

Et il montra la lande, d'un geste de sa main que la colère plus encore que l'âge faisait trembler.

Là-bas! bien loin, mais fort visible sur le terrain qui avait la teinte foncée de la tourbe, fuyait un cavalier au costume pimpant, suivi d'une troupe d'autres cavaliers, lancé au galop le plus rapide qui pût l'éloigner du champ de bataille.

Impossible de s'y tromper : c'était le lâche Monmouth.

— Chut, s'écria Saxon, entendant notre cri unanime d'horreur et de malédiction, ne décourageons pas nos braves jeunes gens! La lâcheté est contagieuse. Elle gagnera toute une armée aussi vite que la fièvre putride.

— Le lâche! cria Buyse en grinçant des dents. Et ces braves campagnards! C'en est trop.

— Tenez bien vos piques, mes hommes, cria Saxon d'une voix tonnante.

Nous eûmes à peine le temps de former notre carré et de nous jeter à l'intérieur que le tourbillon de cavalerie bondit de nouveau sur nous.

Au moment où les gens de Taunton s'étaient réunis à nous, il s'était produit un point faible dans nos rangs, et ce fut par cette ouverture qu'en un instant les gardes bleus se frayèrent passage en écrasant tout, en frappant avec fureur à droite et à gauche.

D'un côté les bourgeois, et nous de l'autre, nous ripostâmes par de violents coups de piques et de faux qui firent vider les arçons à plus d'un homme, mais au plus fort de la mêlée, l'artillerie royale ouvrit le feu pour la première fois avec un bruit de tonnerre, sur l'autre bord du Rhin, et un ouragan de boulets laboura nos rangs compacts, en traçant des sillons de morts et de blessés.

En même temps un grand cri : « De la poudre! au nom du Christ, de la poudre! » partit des rangs des mousquetaires, qui avaient brûlé leur dernière charge

Le canon gronda de nouveau, et nos hommes furent de nouveau moissonnés.

On eût dit que la mort en personne promenait sa faux parmi nous.

A la fin, nos rangs se rompaient.

Au milieu même des piqueurs, brillaient des casques d'acier.

Les sabres se levaient et retombaient.

Toute la troupe fut obligée de reculer d'au moins deux cents pas, sans cesser de lutter furieusement, et alors elle se mêla à d'autres corps auxquels le choc avait fait perdre toute apparence d'ordre militaire.

Pourtant on se refusait à fuir.

Les gens du Devon, du Dorset, du Comté de Wilts, et quelques-uns du Somerset, piétinés par les chevaux, sabrés par les dragons, tombant par vingtaines sous l'averse des boulets, continuaient à se battre avec un courage obstiné, désespéré pour une cause perdue et pour un homme qui les avait abandonnés.

De quelque côté que tombât mon regard, je voyais des figures contractées, les dents serrées.

On jetait des hurlements de rage et de défi, mais aucun cri n'annonçait la crainte ni le désir de se rendre.

Quelques-uns se hissèrent sur les croupes des chevaux et arrachaient les cavaliers de leur selle.

D'autres, étendus la face contre terre, coupaient les jarrets aux chevaux avec le tranchant de leurs faux et poignardaient les hommes avant qu'ils eussent le temps de se dégager.

Les gardes se lançaient en tout sens, sans relâche à travers eux, et cependant les rangs rompus se refermaient sur eux et reprenaient la lutte avec entêtement.

La chose devenait si désespérée et si émouvante que j'aurais presque désiré qu'ils se débandassent pour fuir, mais sur cette vaste lande, il n'y avait point d'endroit où ils pussent courir et trouver un refuge.

Et pendant tout le temps qu'ils luttèrent, combattirent, noircis par la poudre, desséchés par la soif, versant leur sang comme s'il eût été de l'eau, l'homme qui s'appelait leur Roi, éperonnait son cheval, traversait la campagne, la bride sur le cou de sa monture, le cœur palpitant, n'ayant plus que l'unique pensée de sauver son cou, sans se demander ce qu'il adviendrait de ses vaillants partisans.

Un grand nombre de fantassins se battirent jusqu'à la mort, sans donner ni recevoir quartier, mais enfin, dispersés, rompus, sans munitions, le gros des paysans se débanda et s'enfuit à travers la lande, poursuivi de près par la cavalerie.

Saxon, Buyse et moi, nous avions fait tout ce que nous pouvions pour les rallier, nous avions tué quelques-uns de ceux qui étaient au premier rang de la poursuite, lorsque soudain j'aperçus Sir Gervas, debout, sans chapeau, entouré d'un petit nombre de ses mousquetaires, et au milieu d'une cohue de dragons.

Donnant de l'éperon à nos chevaux, nous nous

ouvrîmes passage pour aller à son secours, et nous jouâmes de nos sabres de façon à le délivrer un instant de ses assaillants.

— Sautez en croupe derrière moi, lui criai-je. Nous pourrons encore nous sauver.

Il me regarda en souriant, et hocha la tête.

— Je reste avec ma compagnie, dit-il.

— Votre compagnie ! cria Saxon, mais, mon garçon, vous êtes fou, votre compagnie est balayée jusqu'au dernier homme.

— C'est ainsi que je l'entends, répondit-il, en faisant tomber un peu de boue attachée à sa cravate. Ne vous tourmentez pas ! Ne songez qu'à vous-même. Adieu, Clarke. Présentez mes compliments à...

Les dragons nous chargèrent de nouveau.

Nous fûmes tous entraînés en arrière, en combattant avec désespoir, et lorsque nous pûmes regarder autour de nous, le baronnet avait disparu pour toujours.

Nous apprîmes plus tard que les troupes royales avaient trouvé sur le terrain un corps qu'elles prirent pour celui de Monmouth, à cause de la grâce efféminée des traits et de la richesse du costume.

Sans nul doute, c'était celui de notre infortuné ami, Sir Gervas Jérôme, dont le nom restera toujours cher à mon cœur.

Dix ans après, lorsque nous entendîmes parler longtemps de la bravoure dont firent preuve les jeunes courtisans de la Maison du Roi de France et de la légèreté courageuse avec laquelle ils combattirent contre nous dans les Pays Bas à Steinkerque et ailleurs, j'ai toujours pensé, d'après le souvenir laissé en moi par Sir Gervas, que je savais quelle sorte de gens c'était-là.

Désormais c'était le moment du sauve qui peut.

En aucun endroit du champ de bataille, les insurgés ne prolongeaient la résistance.

Les premiers rayons du soleil tombant obliquement sur la vaste et morne plaine éclairaient en plein la longue ligne des bataillons rouges et faisaient scintiller les sabres cruels qui se levaient et s'abattaient parmi le troupeau confus des fugitifs impuissants.

L'Allemand avait été séparé de nous dans la mêlée et nous ne sûmes point d'abord s'il était vivant ou s'il avait péri, mais longtemps après, nous apprîmes qu'il était parvenu à s'échapper, bien que ce ne fût que pour être fait prisonnier avec le malchanceux Duc de Monmouth.

Grey, Wade, Ferguson et d'autres trouvèrent aussi le moyen de s'esquiver, pendant que Stephen Timewell gisait au centre du cercle de ses bourgeois aux visages farouches.

Il était mort comme il avait vécu, en vaillant Puritain anglais.

Tout cela, nous le sûmes plus tard.

Pour le moment, nous nous sauvions à travers la lande, pour conserver la vie, poursuivis par quelques pelotons de cavalerie qui nous abandonnèrent bientôt pour s'attacher à une proie plus facile.

Nous passions près d'un petit fourré d'arbres, lorsqu'une voix forte et mâle, qui disait des prières, attira notre attention.

Ecartant les branches, nous vîmes un homme assis, adossé à un gros bloc de pierre et occupé à se couper le bras avec un couteau à large lame, tout en récitant l'oraison dominicale, sans un arrêt, sans un tremblement dans sa parole.

Il détourna les yeux de sa terrible besogne, et nous reconnûmes tous deux en lui un certain Hollis, dont j'ai parlé comme s'étant trouvé avec Cromwell à Dunbar.

Son bras avait été à moitié coupé par un boulet et il achevait tranquillement la séparation, pour se débarrasser du membre qui pendait inutile.

Saxon lui-même si habitué qu'il fût à tous les aspects, à tous les incidents de la guerre, ouvrait de grands yeux effarés à la vue de cette étrange chirurgie, mais l'homme, après avoir indiqué d'un bref signe de tête, qu'il le reconnaissait, se remit à sa besogne d'un air farouche, et enfin pendant que nous regardions, il trancha le dernier lambeau qui tenait encore, et se coucha, les lèvres pâles murmurant toujours sa prière [1].

Nous ne pouvions pas faire grand'chose pour le secourir. D'ailleurs notre halte aurait peut-être attiré vers sa retraite les gens lancés à la poursuite.

Nous lui jetâmes donc un flacon à moitié plein d'eau et nous reprîmes notre course rapide.

Oh! la guerre, mes enfants, comme c'est chose terrible! Comment des hommes se laissent-ils séduire, prendre au piège par des costumes recherchés, par des coursiers bondissants, par les vains mots d'honneur et de gloire, au point d'oublier, grâce à l'éclat extérieur, au clinquant, à l'apparat, la réelle, l'effrayante horreur de cette chose maudite?

Qu'on ne songe point aux escadrons éblouissants, aux fanfares des trompettes qui réveillent les courages, qu'on songe plutôt à cet homme perdu sous l'ombre des aulnes et à l'acte qu'il accomplissait en un siècle, en un pays chrétien.

Assurément, moi qui ai grisonné sous le harnais, et vu autant de champ de bataille que je compte d'années dans ma vie, je devrais être le dernier à prêcher sur ce sujet, et pourtant, il m'est aisé de bien voir que s'ils sont honnêtes,

---

1. L'incident est historique et peut servir à montrer quelle sorte d'hommes étaient ceux qui apprirent la guerre à l'école de Cromwell. (*Note de l'auteur*).

les hommes doivent ou bien renoncer à la guerre ou bien avouer que les paroles du Rédempteur sont trop sublimes pour eux et qu'il est inutile de prétendre encore que son enseignement peut être mis en pratique.

J'ai vu un ministre chrétien bénir un canon qu'on venait de fondre, un autre bénir un navire de guerre au moment où il glissait sur ses étais.

Eux, les soi-disant représentants du Christ, ils bénissaient ces engins de destruction que l'homme, en sa cruauté, avait inventés pour détruire et mettre en pièces d'autres vers de terre comme lui.

Que dirions-nous si nous lisions dans la Sainte Ecriture que notre Seigneur bénit les béliers et les catapultes des légions ?

Trouverions-nous cela d'accord avec son enseignement ?

Mais voilà. Tant que les chefs de l'Eglise s'écarteront de l'esprit de son enseignement jusqu'au point d'habiter des palais et de se promener en voiture, est-il étonnant que, devant de tels exemples, le clergé inférieur enfreigne parfois les règles posées par leur souverain maître?

En regardant derrière nous du haut des collines peu élevées qui s'élèvent à l'ouest de la lande, nous pûmes voir la nuée de cavaliers franchir le pont sur la Parret et pénétrer dans la ville de Bridgwater, poussant devant eux la troupe impuissante des fugitifs.

Nous avions arrêté nos chevaux et nous regardions dans un silence attristé la fatale plaine, quand un bruit de pas de chevaux arriva à nos oreilles.

Faisant demi-tour, nous aperçûmes deux cavaliers portant l'uniforme des gardes qui se dirigeaient vers nous.

Ils avaient fait un détour pour nous couper la route, car ils allaient droit à nous l'épée haute et faisant des gestes animés.

— Encore du carnage! dis-je avec ennui. Pourquoi veulent-ils nous y contraindre?

Saxon regarda attentivement par-dessous ses paupières tombantes les cavaliers qui se rapprochaient, et un sourire farouche fit apparaître sur sa figure des miliers de plis et de rides.

— C'est notre ami qui a lancé les chiens sur notre piste à Salisbury, dit-il. Voilà qui tombe bien! j'ai un compte à régler avec lui.

C'était en effet ce jeune cornette à tête chaude que nous avions rencontré au début de nos aventures.

Une chance fâcheuse lui avait fait reconnaître mon compagnon avec sa haute stature, pendant que nous quittions le champ de bataille, et l'avait porté à le poursuivre dans l'espoir de prendre sa revanche de l'affront qu'il avait reçu de lui.

L'autre était un caporal porte-lance, homme bâti solidement, en vrai soldat, montant un lourd cheval noir qui avait une marque blanche sur le front.

Saxon se dirigea lentement vers l'officier, pendant que le soldat et moi nous nous regardions les yeux dans les yeux.

— Eh bien, mon garçon, entendis-je dire par mon compagnon, j'espère que vous avez appris l'escrime depuis notre dernière rencontre.

Le jeune garde poussa un grognement de rage à cette raillerie, et aussitôt après, le bruit des épées annonçait qu'ils étaient aux prises.

De mon côté, je n'osais pas tourner les yeux sur eux, car mon adversaire m'attaquait avec tant de furie que je ne pouvais faire autre chose que de l'écarter.

On ne recourut point au pistolet d'un côté ni de l'autre : ce fut une franche lutte épée contre épée.

Le caporal me lançait sans trêve des coups de pointe, tantôt à la figure, tantôt au corps, en sorte que je n'avais point l'occasion de donner un de ces vigoureux coups de taille qui eussent terminé l'affaire.

Nos chevaux tournaient autour l'un de l'autre, mordaient, battaient des pieds pendant que nous nous donnions, que nous parions les coups,

Enfin nous nous trouvâmes côte à côte, à une longueur d'épée d'intervalle, et nous nous prîmes mutuellement à la gorge.

Il tira un poignard de sa ceinture et m'en

frappa au bras gauche, mais je lui lançai de mon poignet ganté de fer un coup qui le fit tomber de cheval et l'étendit sans mouvement sur le sol.

Presque en même temps le cornette, blessé en maints endroits, vida les arçons.

Saxon mit vivement pied à terre, ramassa le poignard que le soldat avait lâché et se disposait à les achever l'un et l'autre, quand je mis aussi pied à terre et l'en empêchai.

Il se tourna vers moi avec la promptitude de l'éclair, d'un air si féroce que je ne pus voir la bête sauvage qui était en lui entièrement réveillée.

— De quoi te mêles-tu? gronda-t-il. Laisse-moi faire.

— Non, non, assez de sang versé, dis-je. Laissez-les à terre.

— Est-ce qu'ils auraient eu quelque pitié pour nous, cria-t-il avec emportement et se débattant pour dégager son poignet. Ils ont perdu la partie. Il faut qu'ils paient.

— Non, pas cela de sang-froid, dis-je d'un ton ferme. Je ne le permettrai pas.

— Vraiment, monseigneur ? railla-t-il, avec une expression démoniaque dans le regard.

D'une violente secousse, il se dégagea de mon étreinte, fit un bond en arrière et ramassa l'épée qu'il avait laissé tomber.

— Eh bien! après? demandai-je en me mettant en garde, un pied de chaque côté du blessé.

Il resta immobile une ou deux minutes, me regardant par-dessous ses sourcils contractés, sa figure toute bouleversée par la colère.

A chaque instant, je m'attendais à le voir bondir sur moi, mais enfin, avec un serrement de gorge, il remit son épée au fourreau si brusquement qu'elle résonna.

Puis d'un bond, il se remit en selle.

— Nous nous séparons ici, dit-il avec froideur. J'ai été deux fois sur le point de vous tuer, et une troisième fois ce serait peut-être trop pour ma patience. Vous n'êtes pas le compagnon qu'il faut à un soldat de fortune. Entrez dans les ordres, mon garçon. C'est là votre vocation.

— Est-ce Decimus Saxon qui parle où est-ce Will Spotterbridge? demandai-je, rappelant sa plaisanterie au sujet de son ancêtre. Mais son âpre figure ne se détendit point en un sourire pour me répondre.

Il rassembla les rênes dans sa main gauche, lança un dernier regard de travers sur l'officier couvert de sang et partit au galop sur un des sentiers qui se dirigeaient vers le sud.

Je restai un instant à le suivre du regard, mais il ne m'envoya pas même un adieu de la main.

Il s'éloigna sans tourner la tête et finit par disparaître derrière une inégalité dans le sol de la lande.

— Un ami qui s'en va! dis-je tristement, et

tout cela, peut-être parce que je ne veux pas assister en simple spectateur à l'égorgement d'un homme sans défense. Un autre ami a péri sur le champ de bataille. Le troisième, le plus ancien, le plus cher, est étendu, blessé, à Bridgwater, à la merci d'une brutale soldatesque. Si je retourne à la maison, ce ne sera que pour apporter l'inquiétude et le danger à ceux que j'aime. De quel côté me diriger?

Je m'attardai en quelques minutes d'irrésolution près du garde étendu à terre, pendant que Covenant se promenait tout doucement en broutant l'herbe rare, et tournait de temps à autre vers moi ses grands yeux noirs, comme pour m'affirmer qu'il me restait au moins un ami plein de constance.

Je regardai dans la direction du nord les hauteurs de Polden, au sud les Dunes Noires, à l'ouest la longue chaîne bleue des Quantocks, à l'est la vaste région des landes, et nulle part je ne vis rien qui me fît espérer le salut.

A dire vrai, je me sentais le cœur las et en ce moment, je me souciais fort peu de me sauver de là ou non.

Un juron, proféré à demi-voix, suivi d'une plainte, me tira de mes réflexions.

Le caporal était assis, se frottait la tête d'un air d'étonnement, de stupeur, comme s'il ne savait pas au juste où il était, ni comment il se trouvait là.

L'officier avait aussi ouvert les yeux et donné d'autres indices de son retour à la conscience.

Evidemment les blessures n'étaient pas d'un caractère bien grave.

Je ne courais aucun danger d'être poursuivi par eux, car lors même qu'ils auraient voulu le faire, leurs chevaux étaient partis au trot pour rejoindre les nombreuses montures sans cavaliers qui erraient de tous côtés sur la Lande.

Je me mis donc en selle, et m'éloignai d'une allure lente, afin d'épargner autant que possible mon brave cheval, car la besogne du matin l'avait quelque peu fatigué.

Il y avait de nombreux escadrons qui battaient séparément la plaine marécageuse, mais je pus les éviter et je continuai ma route au trot, jusqu'à ce que je fusse à huit ou dix milles du champ de bataille.

Les quelques cottages ou maisons, devant lesquels je passai, étaient abandonnés, et un grand nombre d'entre elles portaient les traces du pillage.

On ne voyait pas un seul paysan.

La mauvaise renommée des agneaux de Kirke avait chassé tous ceux qui n'avaient pas pris les armes.

Enfin, après trois heures de chevauchée, je me dis que j'étais assez loin de la direction principale de la poursuite pour ne craindre aucun danger.

Je fis donc choix d'un endroit abrité, ou une grosse touffe de broussailles était suspendue au-dessus d'un petit ruisseau.

Je m'y assis sur un banc de mousse veloutée, j'y reposai mes membres las et je m'efforçai de faire disparaître de ma personne les traces du combat.

Ce fut seulement quand je pus jeter un regard tranquille sur mon accoutrement que je reconnus combien avait dû être terrible la lutte à laquelle j'avais pris part, et combien aussi il était surprenant que je m'en fusse tiré presque sans une égratignure.

Je ne me souvenais que vaguement des coups que j'avais donnés dans la bataille, mais ils avaient dû être nombreux et terribles, car le tranchant de mon sabre était aussi dentelé, aussi émoussé, que si j'avais passé une heure à frapper sur une barre de fer.

De la tête aux pieds, j'étais éclaboussé de boue et couvert de sang, en partie le mien, mais surtout celui des autres.

Mon casque était tout bosselé par les chocs.

Une balle de pétrinal avait ricoché sur ma cuirasse, en la frappant obliquement et y laissant une rainure profonde.

Deux ou trois autres fêlures ou étoiles prouvaient que l'excellente qualité de la plaque d'acier m'avait sauvé la vie.

Mon bras gauche était raide, presque inerte

par suite du coup de poignard donné par le caporal, mais après avoir enlevé mon doublet et examiné l'endroit, je trouvai que si la blessure avait beaucoup saigné, du moins elle n'intéressait que le côté extérieur de l'os et dès lors ne signifiait pas grand'chose.

Un mouchoir trempé dans l'eau et noué serré tout autour adoucit la douleur et arrêta le sang.

En dehors de cette égratignure, je n'avais pas été atteint, mais mes efforts avaient produit une raideur douloureuse et générale, comme si on m'avait infligé une bastonnade.

La petite blessure, reçue dans la cathédrale de Wells, s'était rouverte et saignait. Mais avec un peu de patience et de l'eau froide, je vins à bout de la nettoyer et de la bander aussi bien que l'eût fait n'importe quel chirurgien du royaume.

Après avoir passé en revue mes plaies, il me fallait maintenant m'occuper de ma tenue, car, à dire vrai, j'avais l'air d'un de ces géants couverts de sang qu'étaient accoutumés à combattre Don Bellianis de Grèce et autres vaillants paladins.

Pas de femme, pas d'enfant qui n'eussent pris la fuite à ma vue, car j'étais aussi rouge que le boucher de la paroisse à l'approche de la Saint-Martin.

Toutefois un bon lavage dans le ruisseau eut bientôt fait disparaître ces traces de la guerre, et j'arrivai à effacer les marques de ma cuirasse et de mes bottes.

Mais en ce qui concernait mes habits, c'était peine perdue que de vouloir les rendre plus propres et j'y renonçai de désespoir.

Mon bon vieux cheval n'avait pas même été effleuré par les armes et les balles, en sorte que quand il fut bien arrosé, bien frictionné, il était en aussi bon état que jamais; et quand nous tournâmes le dos au petit ruisseau, nous formions un couple plus présentable qu'à notre arrivée sur ses bords.

Il était près de midi, et je commençais à avoir grand'faim, car je n'avais rien mangé depuis la veille au soir.

Il y avait bien sur la lande un groupe de deux ou trois maisons, mais les murs noircis et le chaume roussi indiquaient qu'il ne fallait pas espérer d'y trouver quoi que ce fût.

Une ou deux fois, j'aperçus des gens dans les champs ou sur la route; mais à la vue d'un cavalier armé, ils couraient comme si leur vie était menacée et plongeaient dans les fourrés comme des animaux sauvages.

A un certain endroit, où un grand chêne marquait la rencontre de trois routes, deux cadavres se balançant à une branche prouvaient que les craintes des villageois étaient fondées sur l'expérience.

Selon toute vraisemblance, ces pauvres gens

avaient été pendus parce que la valeur de leurs économies s'était trouvée au-dessous de ce qu'attendaient leurs pillards, ou bien parce qu'ayant tout donné à une bande de pillards, ils n'avaient plus de quoi contenter la bande suivante.

Enfin, comme j'en avais vraiment assez de chercher vainement de la nourriture, je découvris un moulin à vent qui se dressait sur un tertre vert, au bout de quelques champs.

Jugeant à son apparence qu'il avait échappé au pillage général, je pris le sentier qui partait de la grande route pour y conduire [1].

---

1. Les deux lettres suivantes communiquées à l'Institut Royal archéologique par le Rév. C. W. Bingham, éclairent d'un jour curieux certains côtés de cette bataille.

I

A Mistress Chaffin à Chettle House.

Lundi, dans la matinée. 6 juillet 1685.

« Ma très chère amie, ce matin vers une heure, les rebelles » ont fondu avec toutes leurs forces sur nous pendant que » nous étions sous nos tentes dans la lande royale de Sedgemoor. Nous en avons tué et pris au moins un millier... Ils » se sont enfuis à Bridgwater. On dit que nous avons pris » toute leur artillerie, mais il est certain que nous en avons » pris la plus grande partie, si ce n'est la totalité. Un habit, » sur lequel il y avait des décorations, a été pris : il est déchiré dans le dos. Certains pensent que le duc rebelle le » portait et qu'il a été tué, mais la plupart croient qu'il était » porté par un domestique. Je voudrais qu'il fût pris pour » que la guerre puisse prendre fin. On croit qu'il sera hors » d'état de faire combattre de nouveau ses hommes. Je rends » grâce à Dieu de ce que je me porte très bien, sans la moindre blessure. Il en est de même de nos amis du comté de

VII

Ma périlleuse aventure au moulin.

Au pied du moulin, il y avait un hangar, évidemment destiné à loger les chevaux qui apportaient le grain du fermier.

Il y restait de l'herbe.

Je détachai donc les sangles de Covenant, et le laissai se régaler copieusement.

Quand au moulin, il semblait silencieux et vide.

Je gravis la raide échelle de bois.

J'ouvris la porte d'une poussée et entrai dans une chambre ronde, dallée en pierre, d'où une

---

» Dorset. Je vous prie, faites savoir cela à Biddy par la pre-
» mière occasion. Je suis votre unique et cher Tossey. »

II

Bridgwater, 7 juillet 1685.

« Nous avons mis en complète déroute les ennemis de Dieu
» et du Roi, et à ce qu'on nous apprend, il ne reste pas cin-

autre échelle aboutissait au grenier situé au-dessus.

Sur un des côtés de la chambre se trouvait une longue caisse carrée, et tout autour des murs étaient dressées plusieurs rangées de sacs pleins de farine.

Dans le foyer, il y avait un tas de fagots qu'il ne restait plus qu'à allumer.

Aussi à l'aide de ma boîte à briquet, j'eus bientôt une réjouissante flambée.

Je pris dans le sac le plus proche une grosse poignée de farine.

Je la pétris avec l'eau d'une cruche, je la roulai, puis j'en fis une galette plate, et je me mis en devoir de la faire cuire, souriant à l'idée que se ferait ma mère, si elle assistait à une aussi grossière cuisine.

J'en suis très sûr, Patrick Lamb, l'auteur de

» quante hommes ensemble de toute l'armée rebelle. Nous en
» ramassons à toute heure dans les champs de blé et les
» fossés. Williams, ancien valet du duc, est prisonnier. Il a
» fait un récit très amusant de toute l'affaire, qui serait trop
» longue à raconter. La dernière fois qu'il lui parla, ce fut
» au moment où son armée s'enfuit. Il dit qu'il était défait
» et devait pourvoir à sa sûreté. Nous pensons marcher au-
» jourd'hui avec le général à Wells, sur la route qu'il pren-
» dra pour rentrer. Pour le moment, il est à deux milles de
» là, au camp, en sorte que je ne saurais dire avec certitude
» s'il se propose d'aller à Wells. Je serai certainement à la
» maison samedi au plus tard. Je crois que ma chère Nan
» aurait bien donné 500 livres pour que son Tessey eût servi
» le Roi jusqu'à la fin des guerres. Toujours à toi, ma chère
» enfant. » (*Note de l'Auteur.*)

ce livre intitulé le *Parfait cuisinier de la Cour*, que la chère créature tenait toujours de la main gauche, tandis qu'elle remuait et tournait la sauce de la main droite, n'a jamais assaisonné un plat qui fût plus à mon gré en ce moment-là.

Je n'eus pas même la patience d'attendre que la galette eût pris une teinte rousse, je la saisis et l'avalai à moitié cuite.

J'en roulai alors une seconde que je plaçai devant le feu, puis tirant ma pipe de ma poche, je me mis à fumer, jusqu'à ce qu'elle fût prête, avec toute la philosophie que je pus appeler à mon aide.

J'étais perdu dans mes réflexions et je songeais avec tristesse au coup que ces nouvelles porteraient à mon père, quand j'en fus tiré soudain par un sonore éternuement, qui me fit l'effet d'avoir retenti à mon oreille.

Je me dressai d'un bond et jetai les yeux autour de moi, mais je ne vis rien que le mur massif, derrière moi, et devant moi, la chambre vide.

J'avais fini par me persuader que j'avais été le jouet de quelque illusion, quand soudain un éternuement sonore, plus bruyant et plus prolongé que le premier, rompit le silence.

Y avait-il quelqu'un de caché dans un des sacs?

Je tirai mon épée et je fis le tour de la chambre, en tâtant de la pointe les grands sacs de farine, sans réussir à découvrir la cause de ce bruit.

J'étais encore à m'étonner de la chose, quand un concert tout à fait extraordinaire, où se mêlaient des aspirations violentes, des renâclements, des sifflets éclats, suivi de cris « Sainte Mère! Béni Rédempteur! » et autres exclamations analogues.

Cette fois, il n'y avait pas à se méprendre sur l'endroit d'où venait le vacarme.

Je courus à la grande caisse sur laquelle je m'étais assis.

J'en rejetai le couvercle et je regardai à l'intérieur.

Elle était plus qu'à moitié pleine de farine, au milieu de laquelle était perdu un être vivant, sur lequel la poudre blanche s'était si bien attachée et plaquée que, sans les cris lamentables qu'il poussait, il eût été difficile de savoir si c'était une créature humaine.

Je me baissai.

Je retirai l'homme de sa cachette.

Aussitôt il tomba à genoux sur le sol et se mit à hurler merci, tout en soulevant à chacune de ses contorsions un tel nuage de poudres que je me mis à tousser et à éternuer.

Lorsqu'enfin ce revêtement de farine eut commencé à se détacher, je ne fus pas peu surpris de voir que ce n'était ni un meunier ni un paysan, mais un homme armé de toutes pièces, avec un énorme sabre pendu à sa ceinture et qui pour le moment ne ressemblait pas mal à un glaçon, portant une vaste cuirasse.

Son casque était resté dans le pétrin et sa chevelure d'un rouge vif, la seule partie de sa personne dont on vît la couleur, se dressait en l'air sous l'influence de la terreur, pendant qu'il me suppliait d'épargner sa vie.

Je trouvai que cette voix ne m'était pas inconnue et je promenai ma main sur sa figure, ce qui le fit hurler comme si je l'égorgeais.

Impossible de se méprendre à ces joues rebondies, à ces petits yeux avides.

Ce n'était rien moins que Maître Tetheridge, l'encombrant secrétaire municipal de Taunton.

Mais quel changement s'était accompli chez le secrétaire que nous avions vu se pavaner dans toute la pompe et la magnificence de son emploi devant le brave Maire le jour de notre arrivée dans le Comté de Somerset !

Qu'étaient devenus son assurance et son air guerrier ?

Pendant qu'il était à genoux, ses grandes bottes s'entrechoquaient d'appréhension, et il éjaculait d'une voix de fausset, comme celle d'un mendiant de Lincoln's Inn, enfilait des excuses, des explications, comme si j'étais Feversham en personne et que je fusse sur le point d'ordonner son exécution.

— Je ne suis qu'un pauvre diable de scribe,

Votre Altesse Sérénissime, braillait-il. Vrai, je suis un malheureux employé, Votre Honneur, qui a été entraîné dans ces affaires par la tyrannie de ses supérieurs. Jamais, Votre Grâce, un homme plus loyal ne porta le cuir de bœuf. Mais quand le Maire dit oui, l'employé peut-il dire non. Epargnez-moi, Votre Seigneurie, épargnez le plus repentant des misérables, qui demande seulement dans ses prières à servir le Roi Jacques jusqu'à la dernière goutte de son sang.

— Renoncez-vous au duc de Monmouth? demandai-je d'un ton rude.

— Oui,... de tout mon cœur, dit-il avec ardeur.

— Alors préparez-vous à mourir, criai-je, en tirant mon épée, car je suis un de ses officiers.

A la vue de l'acier, le misérable secrétaire jeta un véritable hurlement de terreur.

Tombant la figure contre terre, il se tordit, se roula, jusqu'à ce que, levant les yeux, il s'aperçut que je riais.

A cette vue, il se remit d'abord à genoux, puis se leva, en me regardant obliquement, comme s'il ne devinait rien de mes intentions.

— Vous devez vous souvenir de moi, Maître Tetheridge, dis-je. Je suis le Capitaine Clarke, du régiment d'infanterie du Comté de Wilts, que commande Saxon. Je suis vraiment surpris que vous ayez adjuré votre fidélité, alors que non seulement vous avez juré de la maintenir, mais que de plus vous avez fait prêter le même serment aux autres.

— Pas du tout, capitaine, pas du tout, répondit-il en reprenant ses allures habituelles de coq de combat aussitôt qu'il s'aperçut que le danger avait disparu, en fait de serment je suis aussi sincère, aussi loyal que je le fus jamais.

— Pour cela, je vous crois entièrement, dis-je.

— Je n'ai fait que dissimuler, reprit-il en secouant la farine qui le couvrait. Je me suis borné à mettre en pratique cette ruse du serpent qui dans tout guerrier doit être jointe au courage du lion. Vous avez lu Homère sans doute. Eh ! moi aussi je suis quelque peu frotté d'études classiques. Je ne suis pas seulement un grossier soldat, bien que je puisse manier l'épée d'une main vigoureuse. Maître Ulysse, voilà mon idéal, de même qu'Ajax est le vôtre, je suppose.

— M'est avis que le type du diable qui sort de la boîte vous irait bien mieux, dis-je. Voulez-vous accepter la moitié de cette galette ? Comment vous êtes-vous trouvé dans ce pétrin ?

— Eh ! par Sainte Marie ! voici comment, répondit-il, la bouche pleine de pâte. C'était un stratagème, une ruse, telle qu'en conçoivent les plus grands généraux, qui ont toujours été fameux pour leur art à dérober leurs manœuvres et se dissimuler là où on les attendait le moins. En effet, lorsque la bataille fut perdue, lorsque je me fus escrimé d'estoc et de taille jusqu'à ce que mon bras fut engourdi et ma lame émoussée, je m'aperçus que de tous les gens de Taunton j'étais seul resté vivant. Si nous étions sur le champ de bataille, vous pourriez reconnaître l'endroit où je me trouvais par le cercle des cadavres de ceux qui se sont trouvés à portée de mon épée. Voyant que tout était perdu, et que nos coquins avaient fui, je montai le cheval de notre digne Maire, vu que ce valeureux gentleman n'en avait plus besoin, et je m'éloignai lentement du champ de bataille. Je vous réponds qu'il y avait dans mon regard et dans mon port quelque chose qui empêcha leur cavalerie de me suivre de trop près. Un soldat, il est vrai, me barra la route, mais mon coup habituel de tranchant de sabre en vint aisément à bout. Hélas! j'ai un gros poids sur la conscience : j'ai fait à la fois des veuves et des orphelins. Pourquoi venir me braver, quand... Dieu de miséricorde! qu'est-ce que cela ?

— Ce n'est que mon cheval, dans l'écurie au-dessous, répondis-je.

— Je croyais que c'étaient les dragons, dit le secrétaire en essuyant les gouttes de sueur qui avaient tout à coup perlé sur son front. Vous et moi, nous aurions fait une sortie et les aurions assaillis.

— Ou bien vous vous seriez remis dans le pétrin, dis-je.

— Je ne vous ai pas encore expliqué comment

je suis venu ici, reprit-il, après m'être éloigné de quelques milles du champ de bataille, je remarquai ce moulin et il me vint à l'esprit qu'un homme énergique pouvait à lui seul y tenir tête à un escadron de cavalerie. Nous ne sommes guère disposés à fuir, nous autres, Tetheridge. C'est peut-être un vain amour-propre, mais ce sentiment-là est très fort dans la famille. Nous avons du sang de vaillants en nous dès le temps où mon ancêtre suivit Ireton en qualité de vivandier. Je m'arrêtai donc, et j'avais mis pied à terre pour faire mes observations quand ma brute de cheval donna une brusque secousse à la bride, et ainsi devenu libre, disparut en un instant franchissant les haies, les fossés. Il ne me restait donc plus qu'à compter sur ma bonne épée. Je gravis l'échelle. et m'occupais à combiner un plan en vue de faire bonne défense. quand j'entendis le pas d'un cheval, et aussitôt après vous êtes monté d'en bas. Je me suis à l'instant mis en embuscade, et je n'aurais pas été long à en sortir soudainement pour une attaque. si la farine ne m'avait pas étouffé, au point qu'il me semblait avoir un pain de deux livres arrêté dans le gosier. Pour ma part, je suis content que la chose soit arrivée, car dans mon aveugle colère, je vous aurais peut-être fait du mal. En entendant le tintement de votre sabre, pendant que vous montiez l'échelle. j'ai pensé que vous étiez sans doute un des suppôts du Roi Jacques, peut-être même le capitaine d'un de ces escadrons qui battent la plaine.

— Voilà qui est fort clair, fort intelligible, Maître Tetheridge, dis-je, en rallumant ma pipe. Sans doute votre attitude lorsque je vous ai tiré de votre cachette n'avait d'autre but que de masquer votre valeur. Mais en voilà assez. Quelles sont vos intentions?

— C'est de rester avec vous, capitaine, dit-il.

— Non, pour cela, vous ne le ferez pas, répondis-je. Je ne tiens guère à votre compagnie. Votre bravoure débordante peut m'entraîner dans des mêlées que j'aimerais tout autant éviter.

— Non, non, je modérerai ma valeur, s'écria-t-il. En des temps aussi troublés, vous ne vous en trouverez pas plus mal d'avoir la compagnie d'un combattant qui a fait ses preuves.

— Appelé à faire ses preuves a fait défaut, dis-je, agacé des propos fanfarons de mon homme. Je vous le dis, j'entends rester seul.

— Non, vous n'avez pas besoin de vous échauffer pour cela, s'écria-t-il, en s'écartant de moi. En tout cas, nous n'avions rien de mieux à faire que de rester ici jusqu'à la nuit tombante, où nous pourrons gagner la côte.

— C'est la première fois que vous faites preuve de bon sens, dis-je. La cavalerie royale trouvera assez à s'occuper avec le cidre de Zoyland et la bière de Bridgwater. Si nous pouvons nous faufiler à travers, j'ai sur les côtes septentrionales des amis qui nous prendraient à bord de leur lougre pour gagner la Hollande. Pour cela, je ne refuserai pas de vous aider, puisque vous êtes mon compagnon d'infortune. Je voudrais bien que Saxon fût resté avec moi. Je crains que nous ne soyons pris.

— Si vous voulez parler du Colonel Saxon, dit le Secrétaire je crois que lui aussi est un homme qui joint la ruse à la valeur. C'était un rude et farouche soldat, je le sais bien, ayant combattu dos à dos avec lui pendant quarante minutes d'horloge contre un escadron de la cavalerie de Sarsfield. Il était simple dans son langage, et peut-être que parfois il traitait avec trop peu d'égards l'honneur d'un cavalier, mais il eût été bon que, sur le champ de bataille, l'armée eût eu plus de chefs pareils.

— Vous avez raison, répondis-je, mais maintenant que nous nous sommes restaurés, il est temps de songer à prendre un peu de repos, car nous aurons peut-être un long trajet à faire cette nuit. Je voudrais bien pouvoir mettre la main sur une bouteille d'ale.

— Je ne demanderais pas mieux que d'en boire un coup pour faire plus ample connaissance, dit mon compagnon, mais pour ce qui regarde le sommeil, il est facile de s'arranger. Montez cette échelle, vous trouverez dans le grenier une quantité de sacs vides sur lesquels vous pourrez vous reposer. Pour moi je resterai quelques instants ici, en bas, et je me ferai cuire une autre galette.

— Restez de garde pendant deux heures, et alors réveillez-moi, répondis-je, puis je veillerai pendant que vous dormirez.

Il toucha la poignée de son sabre pour donner à entendre qu'il serait fidèle à son poste.

Alors, non sans quelques fâcheux pressentiments, je montai au grenier.

Je me jetai sur cette rude couche et ne tardai pas à tomber dans un sommeil profond, sans rêves, bercé par la grave et mélancolique plainte des ailes qui tournaient en grinçant.

Je fus réveillé par des pas à côté de moi et m'aperçus que le petit secrétaire avait gravi l'échelle et se penchait sur moi.

Je lui demandai si le moment était venu pour moi de me lever.

Il me répondit d'une voix étrange, fêlée, que j'avais encore une heure et qu'il était venu voir s'il ne pourrait pas m'être utile.

J'étais trop fatigué pour remarquer ce qu'il y avait de sournois dans ses façons et la pâleur de ses joues.

Je le remerciai donc de son attention.

Je me retournai et fus bientôt endormi.

Mon second réveil fut plus brutal, plus terrible aussi.

Il y eut une invasion soudaine par l'échelle,

craquant sous des pas lourds, et une douzaine d'habits rouges emplirent la pièce.

Je me redressai brusquement.

J'étendis la main pour saisir l'épée que j'avais posée à côté de moi, à portée de ma main.

L'arme fidèle avait disparu ; elle avait été dérobée pendant mon sommeil.

Désarmé, et assailli à l'improviste, je fus jeté à terre et ligotté en un instant.

Un homme tenait un pistolet près de ma tête et jurait qu'il me brûlerait la cervelle si je faisais un mouvement.

Les autres roulaient des tours de corde autour de mon corps et de mes bras.

Samson lui-même aurait eu bien de la peine à se délivrer.

Je compris que mes efforts seraient inutiles.

Je restai silencieux, attendant tout ce qui pourrait arriver.

Alors, pas plus qu'en aucun autre moment, mes chers enfants, je n'ai fait grand cas de la vie, mais enfin j'y tenais moins qu'aujourd'hui, car chacun de vous est comme une petite vrille de lierre qui m'attache à ce monde.

Et pourtant, quand je songe aux autres êtres chéris qui m'attendent sur l'autre rive, je crois que maintenant même la mort ne me paraîtrait point un mal.

Sans cela, comme la vie serait chose désespérante et vide !

Après m'avoir lié les bras, les soldats me traînèrent sur l'échelle, comme si j'avais été une botte de foin, dans la chambre de dessous, également pleine de soldats.

Dans un coin, le misérable scribe, véritable peinture de l'Epouvante abjecte, grelottant, les genoux s'entrechoquant, se serait affaissé s'il n'avait été maintenu par la poigne d'un vigoureux caporal.

Devant lui étaient deux officiers, l'un d'eux un petit homme dur, brun, aux yeux pétillants, aux mouvements vifs, l'autre grand, mince, avec une longue moustache blonde, qui allait à moitié chemin de ses épaules.

Le premier tenait mon sabre à la main et tous deux en examinaient la lame avec curiosité.

— C'est un fin morceau d'acier, Dick, dit l'un en appuyant la pointe sur le sol de pierre et exerçant une pression de l'autre côté jusqu'à ce que la poignée le touchât. Voyez avec quelle force elle se redresse. Pas de nom de fabricant, mais la date, 1638, est marquée sur la poignée. Où vous-êtes-vous procuré cela, hé, l'homme ?

— C'était l'épée de mon père, répondis-je.

— Alors j'espère qu'il l'aura tiré pour défendre une cause meilleure que celle qu'a soutenue le fils, dit l'officier, d'un ton narquois.

— Une cause tout aussi juste, mais non plus juste, répondis-je. Cette épée a toujours été tirée pour les droits et les libertés des Anglais, et contre la tyrannie des rois et la bigoterie des prêtres.

— Quel clou pour un théâtre ! Dick s'écria l'officier. Comme cela sonne bien : la bigoterie des rois et la tyrannie des prêtres. Eh ! si cela était débité par Betterton tout près de la rampe, une main sur le cœur, l'autre levée au ciel, je parie que tout le parterre se lèverait.

— C'est très probable, dit l'autre en tortillant sa moustache, mais ce n'est pas le moment des beaux discours. Qu'allons-nous faire du petit ?

— Le pendre, répondit l'officier d'un ton insouciant.

— Non, non, très gracieux gentlemen, hurla Totheridge, s'arrachant brusquement à la poigne du caporal et se jetant à terre devant eux. Ne vous ai-je pas informé où vous pourriez trouver un des plus vigoureux soldats de l'armée rebelle ? Ne vous ai-je pas conduits jusqu'à lui ? Ne suis-je pas monté tout doucement pour lui dérober son épée, de pour qu'un des sujets du Roi ne périt en le faisant prisonnier ? Sûrement, sûrement, vous n'allez pas me traiter avec autant de méchanceté, moi qui vous ai rendu de tels services. N'ai-je pas tenu parole ? N'est-il pas tel que je l'ai décrit, un géant par la taille et par sa force extraordinaire ? Toute l'armée me rendra témoignage sur ce point qu'il en vaut deux comme lui en combat singulier ? Je vous l'ai livré. Assurément vous me relâcherez.

— Voilà qui est fort bien débité, terriblement bien, dit le petit officier en tapant doucement d'une main dans le creux de l'autre main. L'emphase était juste, la prononciation nette. Un peu plus du côté des coulisses, caporal, s'il vous plaît. Merci ! Maintenant, Dick, c'est votre tour d'entrer en scène.

— Non, John, vous êtes par trop absurde, s'écria l'autre, impatienté. Le masque et les brodequins sont fort bons à leur place, mais vous regardez la pièce comme une réalité, au lieu de regarder la réalité comme une pièce. Ce qu'a dit ce reptile est vrai. Nous devons lui tenir parole, si nous tenons à ce que d'autres gens du pays livrent les fugitifs. Il n'y a pas moyen de faire autrement.

— Pour moi, je crois à la Justice de Jeddard, répondit son compagnon. Je commencerais par pendre l'homme et ensuite je discuterais sur la question de notre promesse. Cependant, qu'on me tue si jamais j'impose mon opinion à qui que ce soit !

— Non, c'est impossible, dit l'officier de haute taille. Caporal, emmenez-le. Henderson vous accompagnera. Enlevez-lui cette cuirasse et ce sabre, que sa mère porterait de meilleure grâce. Puis, entendez bien, caporal, quelques bons coups de la courroie à étriers sur ses épaules dodues ne seraient pas déplacés pour le faire souvenir des dragons du Roi.

Mon perfide compagnon fut entraîné malgré sa résistance, et bientôt une succession de hurlements aigus, qui devinrent de plus en plus lointains, à mesure qu'il fuyait devant ses bourreaux, annonça que l'indication avait été comprise.

Les deux officiers coururent à la petite fenêtre du moulin et rirent à gorge déployée, pendant que les soldats, regardant furtivement pardessus leurs épaules, ne pouvaient s'empêcher de prendre part à leur hilarité.

Je devinai ainsi que Maître Tetheridge, ainsi éperonné par la crainte, qui le lançait, malgré son gros ventre, à travers les haies, dans les fossés, présentait un coup d'œil assez risible.

— Et maintenant à l'autre, dit le petit officier en se détournant de la fenêtre et essuyant les larmes, que le rire avait amenés sur sa figure, cette poutre que voici ferait notre affaire. Où est le pendeur Broderick, le Jack Ketch des Royaux?

— Me voici, monsieur, répondit un soldat à la figure bourrue et grossière, j'ai là une corde avec un nœud coulant.

— Jetez-la par-dessus la poutre, alors. Qu'avez-vous donc à la main, maladroit coquin, pour l'envelopper ainsi?

— S'il vous plaît de le savoir, monsieur, répondit l'homme, cela vient d'un ingrat de Presbytérien aux oreilles redressées, que j'ai pendu à Gommatch. J'ai fait pour lui tout ce qui pouvait se faire. Il aurait été à Tyburn qu'il n'aurait pas été traité avec plus d'égards, et pourtant, quand j'ai mis la main sur son cou pour m'assurer que tout allait bien, il m'a saisi à pleines dents et m'a emporté un bon morceau de pouce.

— J'en suis fâché pour vous, dit l'officier. Vous savez sans doute qu'en pareille circonstance la morsure humaine est aussi fatale que celle d'un chien enragé, en sorte qu'un de ces beaux matins on vous verra peut-être donner des coups de dents et aboyer. Mais ne pâlissez donc pas. Je vous ai entendu prêcher la patience et le courage à vos victimes. Vous n'avez pas peur de la mort, n'est-ce pas ?

— Non, pas d'une mort chrétienne, Votre Honneur, mais dix shillings par semaine, ce n'est pas trop bien payé pour finir comme cela.

— Bah ! C'est une loterie, comme le reste ! remarqua le capitaine, d'un ton encourageant. J'ai entendu dire que dans cette circonstance, le malade est tellement contracté qu'il ne fait que battre le rappel avec ses pieds derrière sa tête, mais ce n'est peut-être pas aussi douloureux que cela le paraît. Pour le moment, occupez-vous de votre office.

Deux ou trois soldats me saisirent par les bras.

Je m'en débarrassai de mon mieux par une secousse et je m'avançai, je crois, d'un pas ferme, la figure joyeuse, sous la poutre.

C'était une grande solive noircie par la fumée

et qui passait d'un côté à l'autre de la chambre.

La corde fut lancée par-dessus, et le bourreau, de ses doigts tremblants, passa à mon cou le nœud coulant, en faisant grande attention à ne pas se tenir à portée de mes dents.

Une demi-douzaine de dragons prirent l'autre bout de la corde et se tinrent prêts à me lancer dans l'éternité.

Pendant toute ma vie aventureuse, jamais je ne me suis vu aussi près de franchir le seuil de la mort qu'à ce moment-là, et pourtant, je l'affirme, si terrible que fût ma position, il me fut impossible de penser à autre chose qu'aux tatouages que portait au bras le vieux Salomon Sprent, et à l'habileté avec laquelle il y avait marié le rouge et le bleu.

Et cependant je ne perdais pas le plus léger détail de ce qui se passait autour de moi.

La scène, cette chambre nue, dallée, l'unique et étroite fenêtre, les deux officiers flâneurs, élégants, les armes entassées dans le coin, et même le tissu de la grossière serge rouge, et les dessins des larges boutons de cuivre sur la manche de l'homme qui me tenait, tout cela est resté nettement gravé en mon esprit.

— Il faut faire notre besogne avec méthode, fit remarquer le capitaine de haute taille, en tirant de sa poche un calepin. Le colonel Sarsfield demandera peut-être quelques détails. Voyons.. celui-ci est le dix-septième, n'est-ce pas ?

— Quatre à la ferme, et cinq à la croisée des routes, répondit l'autre en comptant sur ses doigts. Puis, celui que nous avons tué d'un coup de feu dans la haie, et le blessé qui s'est presque sauvé en mourant, et les deux dans le petit bois auprès de la colline. Je ne puis m'en rappeler d'autres, si ce n'est ceux qui ont été accrochés à Bridgwater aussitôt après le combat.

— Il est bon de faire la chose avec un soin attentif, dit l'autre en griffonnant dans son calepin. C'est affaire à Kirke et à ses hommes, qui sont, eux aussi, à moitié des Maures, de pendre et d'égorger sans distinction, ni cérémonie, mais il nous convient de donner un meilleur exemple. Comment vous nommez-vous, l'homme ?

— Je me nomme le capitaine Micah Clarke, répondis-je.

Les deux officiers échangèrent un regard et le plus petit siffla longuement.

— C'est bien l'homme en question, dit-il. Voilà ce que c'est que de faire des questions. Je veux être pendu si je n'avais pas déjà des pressentiments que cela tournerait ainsi. On disait qu'il était d'une forte carrure.

— Dites-moi, mon homme, avez-vous jamais connu un Major Ogilvy, des gardes à cheval, des Bleus ?

— Comme j'ai eu l'honneur de le faire prisonnier, répondis-je, et comme depuis ce jour-là il a toujours partagé avec moi l'ordinaire du soldat, je crois que j'ai le droit de dire que je le connais.

— Enlevez la corde, dit l'officier.

Et le pendeur, de fort mauvaise grâce, fit passer de nouveau le nœud coulant par-dessus ma tête.

— Jeune homme, vous êtes certainement appelé à quelque chose de grand, car jamais vous ne serez plus près de la tombe, excepté le jour où vous y mettrez le pied pour tout de bon. Le major Ogilvy a fait les plus actives démarches en votre faveur et en celle d'un de vos camarades blessé qui est couché à Bridgwater. Votre nom a été transmis à tous les chefs de cavalerie avec l'ordre de vous amener intact si vous êtes pris. Mais il n'est que juste de vous informer que si le langage bienveillant du Major peut vous éviter la cour martiale, elle vous servira fort peu auprès d'un juge civil, devant lequel il vous faudra comparaître, en définitive.

— Je désire partager le même sort, les mêmes hasards que mes compagnons d'armes, répondis-je.

— Eh bien, voilà une façon maussade d'accueillir votre délivrance! s'écria le plus petit des officiers. La situation est aussi plate que de la bière de cantinier. Ottway en eût tiré meilleur parti. Ne sauriez-vous donc vous hausser à la hauteur qu'elle comporte? Où est-elle?

— Elle? Qui? demandai-je.

— Elle ! Elle, parbleu, la femme. Votre femme, votre amoureuse, votre fiancée, — comme vous voudrez.

— Je n'en ai d'aucune sorte, répondis-je.

— Ah bien ! Que faire en pareille circonstance ? s'écria-t-il d'un ton désappointé. Elle aurait dû sortir des coulisses en courant, se jeter entre vos bras. J'ai vu une situation pareille tirer du parterre trois salves d'applaudissements. Que voilà un beau sujet gâté, faute de quelqu'un pour en profiter !

— Nous avons encore d'autre besogne, Jack, s'écria son compagnon avec impatience. Sergent Gredder, prenez deux hommes et conduisez le prisonnier dans l'église de Gommatch. Il n'est que temps de nous remettre en route, car dans quelques heures l'obscurité empêchera la poursuite.

En entendant ces ordres, les soldats descendirent dans le champ, où leurs chevaux étaient au piquet, et se remirent promptement en marche, sous la conduite du capitaine de haute taille, le cornette amateur de théâtre dirigeant l'arrière-garde.

Le sergent, aux soins duquel j'avais été confié, grand gaillard aux larges épaules, aux sourcils noirs, fit amener mon propre cheval et m'aida à le monter, mais il enleva des fontes les pistolets et les suspendit avec mon épée au pommeau de sa selle.

— Lui attacherai-je les jambes sous le ventre du cheval? demanda un des dragons.

— Non, le jeune homme a une honnête figure, répondit le sergent. S'il promet de se tenir tranquille, nous lui délierons les bras.

— Je n'ai point l'intention de m'échapper, dis-je.

— Alors, défaites la corde. Un brave dans le malheur a toujours ma sympathie. Autrement, que je devienne muet. Je me nomme le sergent Gredder, servant auparavant sous Mackay et présentement dans la cavalerie royale, un homme qui travaille aussi dur, et qui est aussi mal payé que pas un au service de Sa Majesté. Par le flanc droit, et qu'on descende le sentier! En file sur chaque côté et moi derrière! Nos carabines sont amorcées, l'ami. Aussi tenez votre promesse.

— Oh! vous pouvez y compter, répondis-je.

— Votre petit camarade vous a joué un vilain tour, dit le sergent, car en nous voyant arriver par la route, il a coupé court à travers champs pour nous joindre, et il a fait un marché avec le capitaine, pour qu'on l'épargnât, à la condition qu'il livrerait entre nos mains un homme qu'il décrivait comme un des plus vigoureux soldats de l'armée rebelle. Et vraiment, vous ne manquez pas de nerfs et de muscles, quoique vous soyez certainement trop jeune pour avoir beaucoup servi.

— Cette campagne a été ma première, répondis-je.

— Et selon toute vraisemblance, elle sera votre dernière, remarqua-t-il avec une franchise militaire. A ce que j'ai entendu dire, le Conseil Privé se propose de faire un exemple tel qu'il découragera les Whigs pour une vingtaine d'années au moins. On fait venir de Londres un homme de loi dont la perruque est plus à craindre que nos casques. Il fera périr plus d'hommes en un jour qu'un escadron de cavalerie en dix milles de poursuite. Par ma foi, j'aime mieux qu'ils se chargent eux-mêmes de cette besogne de bouchers. Voyez ces arbres là-bas. C'est une bien mauvaise saison quand de tels glands poussent sur les chênes anglais.

— C'est une mauvaise saison, dis-je, quand des gens qui se prétendent chrétiens exercent une telle vengeance sur de pauvres et simples paysans, qui n'ont fait autre chose que ce que leur commandait leur conscience. Que les chefs et les officiers pâtissent, ce n'est que juste. Ils ont joué pour gagner en cas de succès et ils ont à payer l'amende maintenant qu'ils ont perdu. Mais cela me fend le cœur de voir ainsi traité ces pauvres et pieux campagnards.

— Oui, il y a du vrai dans cela, dit le sergent. Maintenant, si ces pécheurs au langage nasillard, aux longues tignasses, béliers qui mènent le troupeau au son de leur clochette, étaient ceux qui ont mené leurs ouailles au diable, ce serait une autre affaire. Pourquoi ne veulent-ils pas se conformer à l'Eglise, pour son tourment? Le Roi s'en contente bien. N'est-ce pas assez bon pour eux? Ou bien ont-ils l'âme si délicate qu'ils ne sauraient l'accommoder de ce qui engraisse tout brave Anglais. La grande route pour aller au ciel, c'est trop commun pour eux. Il leur faut leur chemin à eux et ils crient contre tous ceux qui ne veulent pas le suivre.

— Mais, dis-je, il y a des gens pieux dans toutes les religions. Quand on vit honnêtement, Qu'importe ce qu'on croit.

— On doit garder sa vertu dans son cœur, fit le sergent Gredder, on doit la tenir emballée au fin fond de son havresac. Je me méfie de la sainteté qui s'étale à la surface, du langage nasillard, des roulements d'yeux, des gémissements, des boniments. C'est comme la fausse monnaie. On la reconnaît à ce qu'elle a plus d'éclat, plus d'apparence que la vraie.

— La comparaison est juste, dis-je. Mais, sergent, comment se fait-il que vous ayez tourné votre attention sur ces sujets? A moins qu'on ne les décrive tous de fausses couleurs, les dragons du Roi ont autre chose en tête.

— J'ai servi dans l'infanterie de Mackay, répondit-il brièvement.

— J'ai entendu parler de lui, dis-je. C'est, je crois, un homme qui a à la fois des capacités et de la religion.

— Oh! pour cela c'est vrai, s'écria le sergent

Gredder avec chaleur. C'est un homme sévère, un vrai soldat, au premier coup d'œil, mais de plus près il a l'âme d'un saint. Je vous réponds qu'on n'avait guère besoin de l'estrapade dans son régiment, car il n'y avait pas un homme qui ne craignît de voir la figure attristée de son colonel, plus qu'il ne craignait le prévôt-maréchal.

Pendant toute notre longue chevauchée, je reconnus que le digne sergent était un vrai disciple de l'excellent colonel Mackay, car il fit preuve d'une intelligence plus qu'ordinaire et il laissa voir des habitudes sérieuses et réfléchies.

Quant aux deux soldats qui marchaient de chaque côté de moi, ils étaient aussi muets que des statues, car les simples dragons de ce temps-là savaient parler vin et femmes, mais perdaient leur aplomb et leur loquacité quand il était question d'autre chose.

Lorsqu'enfin nous arrivâmes dans le petit village de Gommatch, qui domine la plaine de Sedgemoor, ce fut avec des regrets réciproques que nous nous séparâmes, mon gardien et moi.

Comme dernière faveur, je lui demandai de se charger de mon Covenant, en lui promettant de lui payer une certaine somme par mois pour son entretien et lui donnant le droit de garder le cheval pour son propre usage, si je manquais de le réclamer avant la fin de l'année.

Ce fut un soulagement pour mon esprit de

voir emmener mon fidèle compagnon, qui se retournait pour me regarder avec de grands yeux interrogateurs, comme s'il n'arrivait pas à comprendre cette séparation.

Quoi qu'il pût m'advenir, j'étais sûr désormais qu'il était confié à la garde d'un brave homme qui veillerait à ce qu'il ne lui arrivât rien de fâcheux.

VIII

La venue de Salomon Sprent.

L'église de Gommatch était un petit édifice couvert de pierre, avec un clocher normand carré, et se dressait au milieu du hameau de ce nom.

Ses grandes portes de chêne, semées de gros clous, ses hautes et étroites fenêtres, la rendaient bien propre à l'usage qu'on allait en faire.

Deux compagnies de l'infanterie de Dumbarton avaient été établies dans le village, sous les ordres d'un corpulent major, auquel je fus remis par le sergent Gredder, qui y ajouta quelques détails de ma capture et sur les raisons qui avaient empêché mon exécution sommaire.

La nuit venait déjà, mais quelques lampes aux faibles lueurs, suspendues çà et là aux murs, jetaient une incertaine et vacillante clarté sur la scène.

Une centaine au moins de prisonniers étaient

épars sur le sol dallé, beaucoup d'entre eux, blessés, et quelques-uns évidemment près de mourir.

Les hommes indemnes s'étaient réunis en groupes silencieux et discrets autour de leurs amis souffrants, et faisaient de leur mieux pour soulager leurs peines.

Plusieurs avaient même ôté la plus grande partie de leurs vêtements pour en faire des couchettes et en couvrir les blessés.

Çà et là on discernait dans l'ombre les noires silhouettes de gens agenouillés, et l'on entendait résonner sous les ailes le bruit rythmé de leurs prières, coupées de temps à autre d'une plainte, d'un souffle pénible, étranglé, celui de quelque pauvre malade qui luttait pour respirer.

La lueur vague, jaune, tombant sur les faces graves, tirées, sur les corps en haillons salis de boue, eussent inspiré le talent d'un de ces peintres des Pays-Bas dont je vis plus tard les tableaux à la Haye.

Le jeudi matin, troisième jour après la bataille, nous fûmes tous conduits à Bridgwater, et enfermés jusqu'à la fin de la semaine dans l'église de Sainte-Marie, la même du haut du clocher de laquelle Monmouth et ses officiers avaient examiné la position de l'armée de Feversham.

Plus nous entendions parler du combat par les soldats et d'autres, plus il paraissait évident que notre attaque de nuit avait eu toutes les chances de réussir.

Feversham n'avait évité presque aucune des fautes que peut commettre un général.

Il avait jugé son adversaire trop à la légère, et laissé son camp entièrement exposé à une surprise.

Lorsqu'éclatèrent les coups de feu, il s'élança de son lit, mais comme il tardait à trouver sa perruque, il errait à tâtons par sa tente pendant que la bataille se décidait et il n'en sortit guère que quand elle fut terminée.

Tous étaient unanimes à déclarer que sans le hasard qui fit négliger à nos guides et éclaireurs le fossé du Rhin de Bussex, nous nous serions trouvés au milieu des tentes avant que les hommes pussent être appelés aux armes.

Cette seule circonstance et l'ardente énergie de John Churchill, qui commandait en second, ce qui par la suite le rendit célèbre sous un nom plus noble, dans l'histoire de la France comme de l'Angleterre, épargnèrent à l'armée royale un revers qui aurait peut-être modifié l'issue de la campagne [1].

---

1. Il n'est que juste de reconnaître que selon bien des auteurs, Ferguson était aussi énergique comme soldat que zélé pour la religion. Le récit qu'il fait de Sedgemoor est intéressant, en ce qu'il exprime l'opinion de ceux qui prirent part à l'affaire sur les causes de leur échec. « Or, outre ces deux escadrons, dont les officiers, sans être d'une bien

Si vous entendez dire ou si vous lisez, mes chers enfants, que la révolte de Monmouth fut

---

grande habileté, avaient du moins assez de courage pour se conduire honorablement, s'ils n'avaient pas, faute d'un guide, rencontré l'obstacle sus-mentionné, il n'y eut pas dans tous les autres escadrons, un seul qui se soit lancé à la charge, ou se soit même approché de l'ennemi, assez pour donner ou recevoir une blessure. M. Hacker, l'un de nos capitaines, ne fut pas plus tôt à portée de voir leur camp qu'il eut la vilenie de tirer un coup de pistolet pour leur donner avis de notre approche. Après quoi il abandonna sa charge, et partit à fond de train, pour s'assurer le bénéfice d'une proclamation du Roi, offrant le pardon à tous ceux qui retourneraient chez eux avant un temps fixé. Il fit valoir tout cela à son procès, mais à cela Jeffreys répondit qu'il méritait plus que tous autres d'être pendu, et cela pour sa perfidie envers Monmouth, comme pour sa trahison à l'égard du Roi. Et bien qu'aucun autre officier ne se soit conduit avec autant d'ignominie, néanmoins ils furent inutiles et ne se rendirent aucun service, attendu qu'ils n'essayèrent pas même de charger une fois, et ne conservèrent point leurs hommes réunis, et j'ose affirmer que si notre cavalerie n'avait pas tiré un seul coup de pistolet, qu'elle se fût bornée à se tenir en position, de façon à donner à l'ennemi inquiétude et appréhension, l'infanterie aurait su à elle seule, aurait gagné la bataille, et aurait triomphé. Mais notre cavalerie se tenant dispersée et désunie, et fuyant toutes les fois qu'approchait un escadron de la leur, que commandait Oglethorpe, donna un avantage à ce corps car l'ennemi, après avoir parcouru en tous sens le champ de bataille sans juger nécessaire d'attaquer des gens que leurs propres craintes avaient éparpillés, cela lui permit d'attaquer enfin par derrière nos bataillons et d'arracher la victime de leurs mains prêtes à la saisir, et qui déjà étaient sur le point de l'avoir. En outre, cette troupe de leur cavalerie ne se montait pas à plus de trois cents hommes, tandis que nous en aurions eu plus qu'il ne nous en fallait, s'ils avaient eu quelque courage et avaient été commandés par un galant homme pour les attaquer à la fois de front et de flanc. Voilà ce que j'affirme avec d'autant plus de conviction, que j'en fus le témoin attristé, car contrairement à mon habi-

aisément domptée ou que c'était dès le début une entreprise désespérée, rappelez-vous que

---

tude, j'avais cessé mon service auprès du duc, qui avançait avec l'infanterie, pour me transporter près de la cavalerie, d'autant plus que l'on comptait qu'elle serait la première, ce matin-là, à engager l'action en faisant irruption et mettant le désordre dans le camp ennemi. Jusqu'au moment où nos bataillons devaient arriver, je fis tous les efforts dont j'étais capable, car non seulement je frappai plusieurs soldats qui avaient abandonné leur poste, mais encore je réprimandai vivement quelques-uns des capitaines pour manquer à leur devoir. Mais je parlai avec la plus grande chaleur à Mylord Grey et le conjurai de charger et de ne pas souffrir que la victoire, dont notre infanterie s'était en quelque sorte saisie, nous fût arrachée. Mais lui, au lieu d'écouter, se conduisit en homme indigne et en lâche poltron, déserta cette partie du champ de bataille, et abandonna son commandement, et en outre partit à fond de train vers le Duc, en lui disant que tout était perdu et qu'il n'était que temps pour lui de se tirer d'affaire. Et par là, en outre de tout le mal qu'il avait déjà occasionné, il décida le léger et malheureux gentilhomme à quitter les bataillons, alors que ceux-ci étaient occupés à disputer courageusement à qui remporterait la victoire. Et cela survint fort mal à propos, au moment même où une certaine personne cherchait à trouver le Duc pour lui demander instamment de venir charger à la tête de ses troupes. Mais ce que j'ose affirmer, c'est que si ce Duc avait eu sous la main seulement deux cents cavaliers, bien montés, bien équipés, vaillants de leur personne, et commandés par des officiers expérimentés, ils auraient été victorieux. Cela est reconnu par nos ennemis, qui ont souvent avoué qu'ils avaient été sur le point de prendre la fuite, après les attaques faites sur eux par notre infanterie, et qu'ils auraient été battus, si notre cavalerie avait rempli son rôle, au lieu d'attendre dans l'inertie, à regarder sans agir jusqu'à ce que la cavalerie eût rétabli le combat, en tombant sur les derrières de nos bataillons. Et il ne faut point s'en prendre aux simples soldats, qui auraient eu le courage de suivre leurs chefs, mais à ceux-là même qui les commandaient, et en particulier à Mylord Grey, que l'on a

moi, qui y ai pris part, j'affirme nettement qu'elle faillit faire pencher la balance et que cette poignée de paysans résolus, avec leurs piques, leurs faux, ont été bien près de modifier toute la marche de l'histoire d'Angleterre.

Si, après avoir supprimé la rébellion, ce conseil privé montra tant de férocité, c'est qu'il savait combien elle avait été proche du succès.

Je ne veux pas m'étendre trop longuement sur la cruauté et la barbarie des vainqueurs, car il n'est point utile que vos oreilles d'enfants entendent de tels détails.

La mollesse de Feversham et la brutalité de Kirke leur ont fait, dans l'Ouest, une réputation qui n'est dépassée que par celle du gredin de haute envergure qui leur succéda.

Quant à leurs victimes, quand elles eurent été pendues, coupées en quartiers, qu'elles eurent subi tout ce qu'on pouvait leur faire souffrir, elles laissèrent dans leurs petits villages, comme un trésor que devaient y transmettre les générations successives, la réputation d'hommes braves et sincères qui moururent pour une noble cause.

Allez maintenant à Milverton ou à Wivelis-

---

tout droit d'accuser d'avoir trahie notre cause, si tant est qu'on puisse appeler la lâcheté du nom de trahison. » (*Extrait d'un Manuscrit du docteur Ferguson*, cité dans le livre intitulé *Ferguson le conspirateur*, ouvrage intéressant d'un de ses descendants en droite ligne, avocat à Edimbourg. (*Note de l'auteur*).

combe, ou Minehead, ou à Colyford, ou dans n'importe quel village dans toute la longueur et la largeur du Comté de Somerset, et vous verrez qu'ils n'ont point oublié ceux qu'ils sont fiers d'appeler leurs martyrs.

Et aujourd'hui, où est Kirke, où est Feversham?

Leurs noms sont conservés, il est vrai, mais conservés dans la haine du pays.

Comment ne pas voir que ces hommes, en châtiant d'autres hommes, se sont attiré un châtiment bien plus sévère?

Leur péché, en vérité, les a montrés au grand jour.

Ils firent tout ce dont sont capables des gens scélérats, endurcis de cœur, sachant bien qu'en agissant ainsi ils auraient l'approbation de l'hypocrite au sang glacé, du bigot qui occupait alors le trône.

Ils agirent pour gagner sa faveur et ils l'obtinrent.

Des hommes furent perdus, dépecés et pendus de nouveau.

Tous les carrefours du pays présentèrent l'épouvante des gibets.

Il n'y a pas une insulte, pas un affront, capables d'aggraver jusqu'à les rendre intolérables les angoisses de la mort, qui ne fussent accumulés sur ces hommes voués aux longues souffrances et pourtant on se raconte avec orgueil dans leur Comté natal que dans toute cette armée de victimes, il n'y en eut pas une seule qui ne marchât à la mort le visage ferme, en protestant que si la chose était à refaire, elle la referait.

Au bout d'une ou deux semaines, on eut des nouvelles des fugitifs.

Monmouth, à ce qu'il paraît, avait été pris par le habits jaunes de Portman pendant qu'il tentait de gagner New Forest, d'où il espérait s'enfuir sur le continent.

Il fut traîné, amaigri, non rasé, et tremblant, hors d'un champ de haricots où il avait cherché un abri, et conduit à Ringwood, dans le Hampshire.

Des rumeurs étranges nous parvinrent au sujet de son attitude, rumeurs que nous connûmes par les grossières plaisanteries de nos gardiens.

Certains dirent qu'il s'était traîné aux genoux des rustres qui l'avaient pris.

D'après d'autres, il avait écrit au Roi, en lui offrant de faire tout et même de jeter par dessus bord la cause protestante, afin de sauver sa tête de l'échafaud [1].

---

1. La lettre suivante, que Monmouth écrivit de la Tour à la Reine, montre bien l'état d'abjection de son âme. « Madame, — Je n'aurais pas la hardiesse d'écrire à Votre Majesté jusqu'au jour où j'aurai montré au Roi combien j'ai horreur de la chose que j'ai faite, et combien je désire de vivre pour le servir. J'espère, Madame, que ce que j'ai dit aujourd'hui au Roi prouvera combien je suis sincère, et

Nous rîmes alors de ces histoires, en les traitant d'inventions de nos ennemis.

En outre, il paraissait impossible qu'en un temps où les partisans lui montraient un attachement si ferme et si loyal, lui qui les avait conduit et sur qui étaient fixés les yeux de tous, montrât moins de courage que n'en témoigne le moindre petit tambour qui marche à pas menus en tête de son régiment sur le champ de bataille.

Hélas, le temps nous prouva que ces histoires-là étaient vraies, et qu'il n'y avait aucun abîme d'infamie où ce malheureux fût prêt à

» combien je déteste tous ces gens qui m'ont amené à cela.
» Après avoir fait cela, Madame, j'ai cru être dans une situa-
» tion convenable pour implorer votre intercession que vous
» ne refusez jamais aux malheureux, je le sais, et je suis cer-
» tain, Madame, d'être l'objet de votre pitié, ayant été séduit
» et attiré par ruse dans cette horrible affaire. Si je n'avais
» pas d'autre objet que le désir de vivre, Madame, je ne vous
» donnerais jamais cette peine, mais je tiens à la vie pour
» servir le Roi, ce que je suis en état de faire, et ce que je
» ferai au-delà de ce que je puis dire. En conséquence, c'est
» après avoir tenu compte de cela, que je puis m'enhardir
» jusqu'au point d'insister auprès de vous et vous implorer
» d'intercéder pour moi, car je suis sûr que le Roi vous
» écoutera. Vos prières ne sauraient jamais éprouver de re-
» fus, quand elles sollicitent la vie seulement pour servir
» le Roi. J'espère, Madame, que par la générosité et la bonté
» du Roi, et par votre intercession, je puis espérer pour ma
» vie, qui sera, si je la conserve, entièrement employée à té-
» moigner à Votre Majesté tout le sentiment imaginable de
» gratitude ; et à servir le Roi en fidèle sujet. Et à être le plus
» dévoué et le plus obéissant serviteur, Monmouth. » (*Note de l'auteur*).

descendre dans l'espoir de prolonger de quelques années une vie qui avait été une malédiction pour un si grand nombre de ceux qui l'avaient suivi.

Aucune nouvelle bonne ou mauvaise au sujet de Saxon ne vint m'encourager à espérer qu'il avait trouvé un endroit où se mettre en sûreté.

Ruben était toujours confiné au lit par sa blessure; il recevait les soins et la protection du Major Ogilvy.

Ce bon gentleman vint me voir plus d'une fois et s'efforça d'améliorer ma situation, jusqu'au jour où je lui fis entendre combien il m'était pénible de me voir traiter autrement que les braves garçons avec qui j'avais partagé les périls de la campagne.

Il me fit la grande faveur d'écrire à mon père, pour l'informer que je me portais bien et que je n'étais point en danger imminent.

En réponse à cette lettre, je reçus du vieillard une énergique et chrétienne recommandation d'avoir bon courage, avec de nombreuses citations empruntées à un sermon sur la patience, par le Révérend Josiah Seaton, de Petersfield.

Ma mère, disait-il, était profondément désolée de ma situation, mais soutenue par sa confiance dans les décrets de la Providence.

Il joignait à cette lettre un chèque au nom du Major Ogilvy, en le chargeant d'en faire l'usage que je désirais.

Cette somme, jointe au petit pécule que ma mère avait cousu dans mon collet, me fut d'une utilité incomparable, car la fièvre des prisons avait éclaté parmi nous, et je me trouvai en mesure de procurer aux malades les aliments qui leur convenaient, ainsi que de payer les services des médecins, si bien que l'épidémie fut tuée dans le germe avant d'avoir pu se répandre.

Dans les premiers jours d'août, nous fûmes conduits de Bridgwater à Taunton, et jetés avec des centaines d'autres dans le même magasin à laines où notre régiment avait été logé au commencement de la campagne.

Nous gagnâmes peu au change.

Toutefois nous nous aperçûmes que nos nouveaux gardiens étaient, en quelque sorte, plus rassasiés de cruauté que les premiers et que, dès lors, ils étaient moins exigeants envers leurs prisonniers.

Non seulement on permettait de temps à autre à nos amis de nous rendre visite, mais encore nous pouvions nous procurer des livres et des journaux, grâce à un petit cadeau fait au sergent de service.

Nous fûmes donc en état de passer notre temps dans un confortable relatif, pendant la durée d'un mois et plus qui s'écoula avant notre jugement.

Un soir, comme j'étais adossé au mur, l'esprit vague, les yeux fixés sur une mince tranche de ciel qui se montrait par l'étroite fenêtre, j'en vins à me croire revenu dans les prairies d'Havant, quand il arriva à mon oreille une voix qui me ramena en effet à mon foyer du Hampshire.

Ce timbre grave, rauque, qui parfois s'élevait à un grondement coléreux, ne pouvait appartenir qu'à un homme, à mon vieil ami le marin.

Je m'approchai de la porte d'où venait le vacarme, et tous les doutes disparurent dès que j'entendis les propos échangés :

— Allez-vous me laisser passer, oui ou non? criait-il. Permettez-moi de vous dire que j'ai ralenti ma marche quand des gens qui valaient mieux que vous m'ont prié de couvrir de voiles les huniers. Je vous dis que j'ai le permis de l'amiral, et je n'entends pas les carguer pour un petit bout de point en rouge. Ainsi donc tirez-vous à travers mon aussière. Sans quoi je pourrais bien vous couler.

— Nous ne connaissons point d'amiraux ici, dit le sergent de garde. L'heure de la visite aux prisonniers est passée pour aujourd'hui, et si vous ne retirez pas d'ici votre disgracieuse personne, je vais faire essayer à votre dos le poids de ma hallebarde.

— J'ai reçu des coups et je les ai rendus avant qu'on ait jamais pensé à vous, torchon de terrien, hurla le vieux Salomon. Je me suis trouvé vergue contre vergue avec Ruyter quand vous appreniez encore à téter, mais tout vieux que je suis, je tiens à vous faire savoir que je ne suis pas encore mis au rebut, et que je suis encore capable d'échanger des bordées avec n'importe quel brigand de homard à queue rouge qui aura jamais été pendu à l'estrapade pour recevoir dans le dos l'empreinte des diamants du Roi. Je n'ai qu'à naviguer en arrière et à faire un signal au Major Ogilvy pour lui apprendre de quelle façon j'ai reçu la bienvenue, il vous rendra la peau encore plus rouge que ne l'a été votre habit.

— Le Major Ogilvy ! s'écria le sergent plus respectueux. Si vous aviez dit que votre permission était signée du Major Ogilvy, cela se serait passé autrement, mais vous vous êtes mis à raconter des histoires d'amiraux, de commodores, et Dieu sait quels autres propos d'outre-mer.

— C'est honteux pour vos parents, de vous avoir si mal appris à connaître l'anglais du Roi, grommela Salomon. A vrai dire, l'ami, c'est pour moi un sujet d'étonnement quand je vois que des gens de mer sont en état d'en remontrer aux terriens en matière d'argot. Car sur les sept cents hommes du navire le *Worcester*, le même qui coula à pic dans la baie de Funchal, il n'y en avait pas un, même parmi les mousses qui servent les canons, qui ne comprît tout ce que je disais, tandis qu'à terre, il y a plus d'un bênet comme toi, qui pourrait aussi bien être Portugais, d'après le peu d'anglais qu'il sait et qui me regarde du même air qu'un cochon pendant un ouragan, rien que pour lui avoir demandé quelle est sa position, ou combien de fois la cloche a sonné.

— Qui voulez-vous voir? demanda le sergent, d'un ton bourru. Vous avez une langue diablement longue.

— Oui, et assez rude encore, quand j'ai affaire à des imbéciles, riposta le marin. Mon garçon, si je vous avais dans mon quart pour une croisière de trois ans, je ferais tout de même un homme de vous.

— Laissez passer le vieux, cria le sergent furieux.

Et le marin entra, faisant sonner sa jambe de bois, sa figure bronzée toute contractée, toute bouleversée, tant par l'effet du plaisir que lui donnait sa victoire sur le sergent, que par celui d'une grosse chique qu'il avait l'habitude de fourrer sous sa joue.

Ayant jeté les yeux autour de lui sans me voir, il porta ses mains à sa bouche et lança mon nom d'une voix retentissante, en l'accompagnant d'une série de ohé! qui résonnèrent dans toute l'édifice.

— Me voici, Salomon, dis-je en le touchant à l'épaule.

— Dieu vous bénisse, mon garçon, Dieu vous bénisse. Je n'arrivais pas à vous voir, car mon œil de tribord est aussi brouillé que l'air autour des bancs de Terre-Neuve. Sue William y a lancé un pot d'un quart, à l'auberge du Tigre, il y aura bientôt trente ans. Comment allez-vous? En bon état partout, dessous et dessus?

— Tout va aussi bien que possible, répondis-je. Je n'ai guère sujet de me plaindre.

— Vous n'avez pas reçu de boulet dans les manœuvres fixes? Pas d'agrès de cassé. Pas de trous entre le bord et la ligne d'eau? Vous n'avez pas été réduit à l'état de ponton, pas été pris d'enfilade, pas subi d'abordage?

— Rien de tout cela, dis-je en riant.

— Sur ma foi, vous êtes plus maigre que jadis, et vous avez vieilli de dix ans en deux mois. Vous êtes parti en vaisseau de ligne aussi pimpant, aussi coquet qui ait jamais obéi à la barre, et maintenant vous avez l'air de ce même vaisseau, après que la bataille et la tempête ont usé le brillant vernis de ses flancs, et ont jeté à bas les pennons de la pomme de son grand mât. Mais je n'en suis pas moins content de vous voir en bon état dans la voilure et la membrure.

— J'ai été témoin de spectacles bien capables de faire vieillir un homme de dix ans.

— Oui, oui, répondit-il avec un grognement caverneux, en agitant la tête de droite et de gauche. C'est une bien maudite affaire. Et pourtant, si fâcheuse que soit la tempête, le calme reviendra toujours par la suite, pourvu que vous arriviez à la traverser avec votre ancre profondément plantée dans la Providence. Ah! mon garçon, voilà un fond qui tient bien! Mais si je vous connais, mon garçon, vous souffrez plus à cause de ces pauvres diables qui vous entourent que pour vous-même.

— En effet c'est bien cruel de les voir souffrir avec tant de patience et sans jamais se plaindre, répondis-je, et cela pour un homme pareil.

— Ah! oui, cet être au foie de poulet, grogna le marin en grinçant des dents.

— Comment vont ma mère et mon père, demandai-je, et comment êtes-vous venu si loin de chez vous?

— Ah! j'aurais fini par être jeté à la côte sur mes moignons d'os si j'avais attendu plus longtemps à mon amarrage. Donc, j'ai coupé mon cable, et après avoir fait une pointe au nord, jusqu'à Salisbury, j'ai couru sous une bonne brise.

Votre père s'est fait une figure impassible, et il s'occupe de son métier comme à l'ordinaire, bien qu'il soit fortement tracassé par les juges de paix.

Ils l'ont fait venir deux fois à Winchester pour l'interroger, mais ils ont trouvé ses papiers en règle et on n'a rien pu trouver à sa charge.

Votre mère, la pauvre créature, n'a guère le loisir de bouder ou de s'essuyer les yeux, car elle a un tel sentiment du devoir que quand même le vaisseau serait en train de couler sous ses pieds, je parie un galion d'argenterie contre une mandarine, qu'elle resterait tranquillement dans la cambuse à éplucher des renoncules ou à rouler de la pâtisserie.

Ils ont donné dans la prière, comme d'autres s'adonneraient au rhum, et ils s'en réchauffent le cœur quand souffle la bise glaciale du malheur.

Ils ont été enchantés de voir que je partais pour vous trouver et je leur ai donné ma parole de marin que je vous tirerais des fers d'une façon ou d'autre si la chose était faisable.

— Me faire sortir, Salomon ? dis-je. Il ne saurait en être question. Comment pourriez-vous me faire sortir?

— Il y a plus d'une façon, répondit-il, en baissant la voix pour continuer tout bas, et hochant sa tête grise de l'air d'un homme qui parle d'un projet qui lui a coûté bien du temps, bien des réflexions : il y a l'écoutillage.

— L'écoutillage !

— Oui, mon garçon. Quand j'étais quartier-maître sur la galère la *Providence*, pendant la seconde guerre de Hollande, nous nous trouvâmes pris entre la côte à babord et l'escadre de Ruyter, de sorte qu'après nous être battus jusqu'à ce que tout notre gréement fût emporté, et que le sang coulât à flots par nos dalots, nous fûmes pris à l'abordage et envoyés comme prisonniers au Texel.

On nous entassa les fers aux pieds dans la cale, parmi les flaques d'eau puante et les rats.

Les écoutilles étaient clouées et gardées par des hommes, mais malgré cela ils ne réussirent pas à nous garder, car les fers allèrent à la dérive, et Will Adams, le compagnon charpentier perça un trou dans les coutures du bordage, si bien que le navire faillit couler, et dans la confusion, nous tombâmes sur l'équipage de la prise, et nous servant de nos chaînes comme d'assommoirs, nous redevînmes les maîtres du navire.

Mais vous souriez, comme s'il y avait peu d'espoir de faire réussir un plan de ce genre.

— Si ce magasin à laines était la galère la *Providence*, et que le territoire de Taunton fût la Baie de Biscaye, on pourrait essayer, dis-je.

— En effet je me suis écarté de la passe, répondit-il en fronçant le sourcil, mais il y a pourtant un autre moyen parfait, auquel j'ai songé, et qui consiste à faire sauter le bâtiment.

— Le faire sauter! m'écriai-je.

— Oui, une couple de barils et une mèche à combustion lente feraient l'affaire, par une nuit bien noire. Alors que seraient ces murs qui nous enferment maintenant?

— Et où seraient les gens qui s'y trouvent en ce moment. Est-ce qu'ils ne sauteraient pas en même temps?

— Que le diable m'emporte! J'avais oublié

cela! s'écria Salomon. Non, je préfère m'en rapporter à vous. Qu'avez-vous à proposer?

Vous n'avez qu'à donner vos ordres de marche.

Alors, avec ou sans navire compagnon, vous verrez que je suis capable de gouverner d'après eux aussi longtemps que cette vieille carcasse sera en état d'obéir à la barre.

— Alors, mon cher vieil ami, dis-je, mon avis est que vous laissiez les choses suivre leur cours et que vous retourniez à Havant, chargé de mes recommandations pour ceux qui me connaissent, pour leur dire qu'ils soient courageux et qu'ils espèrent pour le mieux.

— Ni vous ni aucun autre ne pouvez rien faire pour moi maintenant, car j'ai décidé d'unir mon sort à celui de ces pauvres gens, et si je pouvais les quitter, je ne le ferais pas.

Faites tout votre possible pour réconforter ma mère et rappelez-moi à Zacharie Palmer.

Votre visite a été une joie pour moi, et votre retour en sera une pour eux.

Vous ne sauriez m'être plus utile qu'en restant là-bas.

— Qu'on me noie, si j'aime à partir sans avoir frappé mon coup! grommela-t-il. Et pourtant si vous le voulez ainsi, il n'y a plus à en parler.

Dites-moi, mon garçon, est-ce que ce grand diable aux épars minces, aux flancs plats, qui avait l'air d'un hareng vidé, vous aurait trahi?

S'il en était ainsi, par l'Eternel, tout vieux que je suis, ma lame fera connaissance avec la rapière interminable qui pend à sa ceinture.

Je sais où il s'est retiré, où il s'est amarré, bien confortablement comme un bon marin, pour attendre le retour de la marée.

— Comment, Saxon? m'écriai-je. Est-ce que vraiment vous sauriez où il est? Au nom de Dieu, parlez bas, car il y aurait un grade et cinq cents bonnes livres à gagner pour le premier venu de ces soldats qui mettrait la main sur lui.

— Il est peu probable qu'ils y réussissent, dit Salomon. Sur mon trajet pour venir ici, j'ai fait relâche dans un endroit nommé Bruton, où il se trouve une auberge qui peut soutenir la comparaison avec la plupart, et le patron est une gaillarde qui a la langue bien pendue et de la gaîté dans les yeux.

J'étais en train de boire un verre d'ale épicée, comme c'est mon habitude au sixième coup de cloche du quart du milieu, quand j'aperçus un grand efflanqué de charretier qui chargeait des barils de bière sur une charrette, dans la cour.

En y regardant de plus près, il me parut que j'avais déjà vu ce nez, qui ressemble au bec d'un faucon, ces yeux pétillants, avec les paupières seulement à moitié levées, mais lorsque je l'eus entendu jurer tout seul en bon hollandais de Hollande, alors sa figure de proue me revint tout de suite à l'esprit.

J'allai faire un tour dans la cour et le touchai à l'épaule!

Mordieu! mon garçon, il vous aurait fallu voir comme il fit un bond en arrière, en crachant et menaçant comme un chat sauvage, tous ses cheveux hérissés sur sa tête.

Il tira prestement un couteau de dessous son grand manteau, car sans doute il croyait que j'allais gagner la récompense en le livrant aux habits rouges.

Je lui dit que son secret était en sûreté avec moi et je lui demandai s'il savait que vous étiez prisonnier.

Il me répondit qu'il le savait et qu'il prenait sur lui de faire qu'il ne vous arrivât rien de fâcheux, et pourtant, à vrai dire il me semblait qu'il avait assez de besogne à arranger sa voilure sans se mêler de piloter un autre.

Mais je le quittai là et c'est là que je le retrouverai s'il s'est mal conduit envers vous.

— Eh bien, dis-je, je suis tout à fait content qu'il ait trouvé ce refuge.

Nous nous sommes séparés à propos d'une différence d'opinion, mais je n'ai aucun motif de me plaindre de lui. Il m'a témoigné de la bonté et même de l'amitié de bien des manières.

— Il est aussi rusé qu'un employé du comptable, fit Salomon. J'ai vu Ruben Lockarby, qui vous envoie son affection. Il est encore retenu sur sa couchette par sa blessure, mais il est bien traité.

Le major Ogilvy me dit qu'il a si bien parlé pour lui qu'il a toutes les chances possibles d'obtenir son acquittement, d'autant plus sûrement qu'il n'était pas présent à la bataille.

Vous auriez, à son avis, de plus grandes chances d'être amnistié si vous aviez combattu moins vaillamment, mais vous vous êtes signalé comme un homme dangereux, surtout parce que vous vous êtes concilié l'affection de bien des gens du petit peuple parmi les rebelles.

Le bon vieux marin resta avec moi jusqu'à une heure avancée de la nuit, à écouter le récit de mes aventures, et à me conter à son tour les naïfs commérages du village, qui intéressent le voyageur lointain plus que ne saurait le faire la naissance et la chute des empires.

Avant de me quitter, il tira de sa bourse une grosse poignée de pièces d'argent et fit un tour parmi les prisonniers, s'informant de leurs besoins et faisant de son mieux pour les consoler dans son rude langage d'homme de mer.

Il leur distribua aussi des pièces de monnaie pour atténuer leurs ennuis.

Il y a dans la bienveillance du regard et dans l'honnête expression de la figure un langage que tous les hommes peuvent comprendre, et bien que les propos du marin eussent pu être tenus en grec, pour ce qui en était intelligible aux paysans du Comté de Somerset, ils se groupèrent autour de lui au moment de son départ et appelèrent sur sa tête la bénédiction du ciel.

Il me sembla qu'avec lui une bouffée d'air pur de l'Océan avait pénétré dans notre prison à l'atmosphère confinée et malsaine et nous la rendait plus douce et plus salubre.

Vers la fin d'août, les juges partirent de Londres pour cette tournée de crimes qui anéantit les existences et les foyers de tant d'hommes, et qui a laissé dans les comtés, où ils passèrent, un souvenir qui ne s'éteindra pas tant qu'un père pourra parler à un fils.

Nous apprenions leurs actes jour par jour, car les gardiens se faisaient un plaisir de les rapporter en détail, en les accompagnant de propos grossiers et orduriers, afin de nous bien montrer ce qui nous attendait et pour ne nous rien laisser perdre de ce qu'ils appelaient les charmes de l'attente.

A Winchester, la vénérable et si honorée lady Alice Lisle fut condamnée par le grand juge Jeffreys à être brûlée vive et il fallut tous les efforts, toutes les prières de ses amis, pour obtenir à grand' peine, qu'il lui accordât la misérable faveur de mourir sous la hache et non sur le bûcher.

Sa belle tête fut séparée de son corps au milieu des gémissements et des cris de la foule rassemblée sur la place du marché de la ville.

A Dorchester, on massacra en masse.

Trois cents personnes furent condamnées à mort, soixante-quatorze furent exécutées.

Enfin les squires, les plus connus comme de loyaux tories, en vinrent à se plaindre de ce qu'on rencontrait partout des cadavres pendus.

De là les juges se rendirent à Exeter, puis à Taunton, où ils arrivèrent dans la première semaine de septembre, plus semblables à des bêtes furieuses et affamées, qui ont goûté du sang et ne peuvent plus apaiser leur soif d'égorgements, qu'à des hommes animés d'un esprit de justice, instruits par l'expérience à distinguer entre les différents degrés de culpabilité, ou à reconnaître l'innocent et à le protéger contre l'injustice.

Ils avaient un beau champ pour exercer leur cruauté, car à Taunton seulement se trouvaient un millier d'infortunés prisonniers, parmi lesquels un grand nombre étaient si inhabiles à exprimer leurs pensées, si empêtrés dans l'étrange dialecte, qu'ils parlaient, qu'il aurait été tout aussi avantageux d'être nés muets, tant ils avaient peu de chance de faire comprendre, soit aux juges, soit aux avocats, les excuses qu'ils désiraient présenter.

Le Lord Président de la Cour fit son entrée un lundi soir.

Je le vis passer, étant à une des fenêtres de la pièce, où l'on nous enfermait.

En tête du cortège venaient les dragons avec

leurs étendards et leurs timbales, puis les hommes armés de leurs hallebardes, et après eux une longue file de voitures, qu'occupaient les hauts dignitaires de l'ordre judiciaire.

Enfin, traîné par six juments flamandes à sa longue queue, parut un grand carrosse découvert, richement orné d'or massif, et dans lequel se prélassait, sur des coussins de velours, le juge infâme drapé d'un manteau de peluche cramoisie, la tête coiffée d'une grosse perruque blanche, si longue qu'elle retombait jusque sur ses épaules.

On disait qu'il s'habillait d'écarlate, afin de jeter la terreur dans le cœur du peuple, et que ses salles étaient tendues de la même couleur pour cette raison-là.

Quant à lui, il a été d'usage, depuis que sa scélératesse en est venue à être connue de tous, de le dépeindre comme un homme, dont l'expression et les traits étaient aussi hideux que l'âme qu'ils cachaient.

En réalité, il en était tout autrement.

Au contraire, cet homme-là, au temps de sa jeunesse, avait dû être remarquable par son extrême beauté [1].

Il n'était pas très âgé, il est vrai, s'il n'est

1. Le portrait de Jeffreys, dans la Galerie Nationale des Portraits, confirme amplement l'assertion de Micah Clarke. Il est le plus bel homme de la collection. (*Note de l'auteur.*)

question que de son âge, lorsque je le vis, mais la débauche et la bassesse de ses mœurs avaient marqué leur empreinte sur sa figure sans cependant détruire entièrement la régularité et la beauté de ses traits.

Il était brun, d'un teint qui tenait de l'Espagnol plutôt que de l'Anglais, avec des yeux noirs, et la peau olivâtre.

Il avait un air hautain et noble, mais son caractère s'enflammait si aisément que la moindre contradiction le moindre tracas le faisaient délirer comme un fou, les yeux allumés, l'écume à la bouche.

Moi-même, je l'ai vu les lèvres écumantes, la figure bouleversée par la fureur, semblable à un homme atteint du haut mal.

Cependant il n'était guère plus maître de ses autres émotions, car, à ce que j'ai oui dire, il fallait fort peu de chose pour qu'il se mît à sangloter, à pleurer, surtout quand il avait reçu de ses supérieurs quelque marque de dédain.

A mon avis, c'était un homme qui possédait de grandes facultés soit pour le bien, soit pour le mal, mais qui, en flattant ses tendances naturelles en ce qu'elles avaient de ténébreux, et négligeant l'autre côté, s'était rapproché, autant que la chose est possible, de la nature diabolique.

Il fallait, en vérité, un gouvernement bien mauvais pour qu'un misérable aussi vil, aussi insolent fût choisi pour tenir les balances de la justice.

Comme il passait, un gentleman tory, qui chevauchait à côté de sa voiture, attira son attention sur les figures des prisonniers, qui le regardaient.

Il leva les yeux de leur côté, en montrant ses dents blanches dans un ricanement de méchanceté. Puis il s'enfonça dans ses coussins.

Je remarquai que pas un seul chapeau ne se leva dans la foule sur son passage et que les rudes soldats eux-mêmes semblaient éprouver à sa vue un sentiment mélangé de frayeur et de dégoût, ainsi qu'un lion regarderait un vampire affreux, suceur de sang, qui se serait abattu sur la proie qu'il aurait lui-même jetée à terre.

XI

Le Diable en perruque et en robe.

L'œuvre de carnage commença sans retard.

Cette nuit même, le grand gibet fut dressé devant l'Hôtellerie du *Blanc Cerf*.

Pendant des heures, nous pûmes entendre les coups des maillets, les scies coupant les poutres, en même temps que l'obscène concert de la suite du Président, qui se divertissaient bruyamment avec les officiers du régiment de Tanger, dans la salle qui donnait sur la rue et avait vue sur le gibet.

Du côté des prisonniers, la nuit se passa en prière et en méditation, les hommes au cœur énergique raffermissant leurs frères plus faibles, les exhortant à se montrer virils, à marcher à la mort d'une manière qui servirait d'exemple dans le monde entier aux vrais protestants.

Les Puritains, qui étaient ecclésiastiques, avaient été, pour la plupart, pendus séance tenante, après la bataille, mais il en était resté un petit nombre pour soutenir le courage de leur troupeau et lui montrer comment on marche au supplice.

Jamais je ne vis rien d'aussi admirable que la fermeté calme et l'entrain avec lesquels ces pauvres paysans envisageaient leur destin.

Leur bravoure sur le champ de bataille n'était rien auprès de celle qu'ils montrèrent dans l'abattoir légal.

Ce fut ainsi, parmi les prières dites à voix basse et les appels à la miséricorde divine, de ces voix qui n'avaient jamais encore imploré la pitié humaine, que se leva le matin, le dernier matin, que beaucoup d'entre nous avaient à passer sur la terre.

L'audience aurait dû s'ouvrir à neuf heures, mais mylord le Président était indisposé pour avoir prolongé la veillée en compagnie du colonel Kirke.

Il était près de onze heures quand les trompettes et les crieurs annoncèrent qu'il avait pris place.

Les prisonniers furent appelé par leurs noms, l'un après l'autre, les plus marquants les premiers.

Ils nous quittèrent avec des poignées de mains, des bénédictions, mais nous ne les revîmes plus, nous ne les entendîmes plus.

Seulement un bruyant roulement de timbales s'entendait de temps à autre.

Il avait pour but, à ce que nos gardiens nous dirent, de couvrir les dernières paroles que les victimes pourraient prononcer et qui porteraient leur fruit dans l'âme des auditeurs.

Le défilé des martyrs, qui marchaient d'un pas ferme, le sourire aux lèvres à leur destin, dura pendant toute cette longue journée d'automne, si bien qu'enfin les grossiers soldats de garde furent réduits à un silencieux respect devant un courage qu'ils ne pouvaient s'empêcher de reconnaître comme plus élevé et plus noble que le leur.

On peut qualifier de débats la façon dont furent traités ces héros, et c'étaient en effet des débats, mais non dans le sens que nous autres Anglais donnons à ce mot.

Cela ne consistait qu'à être amené devant le juge et insulté avant d'être traîné au gibet.

La salle du tribunal était la voie semée d'épines qui aboutissait à l'échafaud.

A quoi bon présenter un témoin qu'on faisait taire par des clameurs, par des jurons, par les menaces du Président qui braillait, jurait au point que les bourgeois épouvantés de Fore Street pouvaient l'entendre ?

J'ai oui dire par des personnes qui se trouvaient là en ce jour qu'il tint des propos dignes d'un possédé du démon, que ses yeux noirs étincelaient d'un éclat qui n'avaient presque rien d'humain.

Le jury s'effaçait devant lui comme devant une créature venimeuse, lorsqu'il tournait sur lui son regard funeste.

Parfois, à ce qu'on m'a rapporté, sa sévérité faisait place à une gaieté plus terrible encore. Il se renversait sur son siège de magistrat en riant au point que les larmes coulaient en sautillant sur son hermine.

Ce premier jour, près de cent personnes furent exécutées ou condamnées à mort.

Je m'étais attendu à être appelé l'un des premiers, et je l'aurais été sans doute sans les actives démarches du Major Ogilvy.

En fait, le second jour se passa sans qu'on se fût occupé de moi.

Le troisième et le quatrième jour, la boucherie se ralentit, non point que la pitié s'éveillât dans l'âme du juge, mais parce que les grands propriétaires tories et les principaux partisans du gouvernement avaient encore des entrailles compatissantes, que révoltait ce massacre de gens sans défense.

Sans l'influence que ces gentlemen exercèrent sur le juge, je suis convaincu que Jeffreys aurait pendu jusqu'au dernier les onze cents prisonniers enfermés alors à Taunton.

Quoi qu'il en soit, deux cent cinquante d'entre eux furent sacrifiés à la soif de sang humain de ce monstre maudit.

Le huitième jour des assises, il ne restait plus

que cinquante de nous dans le magasin aux laines.

En effet, dans ces quelques derniers jours, les prisonniers avaient été jugés par fournées de dix, de vingt.

Mais cette fois nous fûmes tous emmenés comme un troupeau, sous escorte, dans la salle d'audience.

On nous entassa à la barre en aussi grand nombre qu'il pouvait en tenir, pendant que les autres étaient parqués, comme les veaux au marché, dans le centre de la salle.

Le juge était vautré sur un siège élevé, avec un dais au-dessus de lui, les deux autres juges installés sur des sièges moins hauts, à ses deux côtés.

A droite, se trouvait le compartiment des jurés, douze personnes soigneusement triées, des tories de la vieille école, fermes partisans des doctrines de la non-résistance et du droit divin des rois.

La Couronne avait pris les précautions les plus minutieuses pour le choix de ces hommes.

Il n'y en avait pas un seul qui n'eût condamné son propre père, sur le plus léger soupçon qu'il penchait vers le presbytérianisme ou pour les Whigs.

Juste au-dessous du juge se trouvait une grande table couverte de drap vert, et jonchée de papiers.

A la droite s'alignait la longue rangée des légistes de la Couronne, gens farouches, aux mines de furets.

Chacun d'eux tenait une liasse de papiers, qu'ils flairaient de temps en temps.

On eût dit autant de mâtins cherchant la piste sur laquelle ils comptaient nous poursuivre jusqu'au bout.

De l'autre côté de la table était assis un seul homme, jeune, à figure fraîche, en perruque et en robe, avec des manières nerveuses d'une prudence craintive.

C'était l'avocat, Maître Helstrop, que, dans sa clémence, la Couronne avait consenti à nous accorder, de peur que quelqu'un n'eût la hardiesse de déclarer que nous n'avions pas été jugé dans les formes légales.

Le reste de la salle était occupé par les serviteurs de la suite des juges, par les soldats de la garnison, qui se conduisaient là comme dans leur lieu habituel de flânerie et regardaient toute la cérémonie comme un genre de divertissement qui ne coûtait rien, qui riaient bruyamment aux grossiers sarcasmes, aux brutales plaisanteries de Sa Seigneurie.

Le clerc ayant bredouillé la formule légale d'après laquelle nous, les prisonniers à la barre, ayant secoué toute crainte de Dieu, nous nous étions assemblés illégalement, traîtreusement, et cetera, le Lord juge de paix déclara qu'il prenait l'affaire en main, selon son habitude.

— J'espère que nous nous tirerons heureusement de ceci, dit-il brusquement, j'espère qu'un jugement ne tombera pas sur cet édifice. A-t-on jamais vu tant de scélératesse entassée dans une seule salle d'audience? Vit-on jamais pareille collection de faces criminelles? Ah! coquins, je vois une corde toute prête pour chacun de vous.. N'as-tu point peur du jugement? N'as-tu point peur du feu d'enfer! Vous, le barbon, dans le coin, comment se fait-il que vous n'ayez pas eu en vous assez de la grâce de Dieu pour vous empêcher de prendre les armes contre votre très gracieux et très affectueux souverain.

— J'ai suivi les conseils de ma conscience, mylord, dit le vénérable drapier de Wellington, auquel il s'adressait.

— Ha! votre conscience! hurla Jeffreys. Un prédicant qui a une conscience! Où était-elle votre conscience, il y a deux mois, scélérats, coquin? Votre conscience ne vous servira guère, monsieur, quand vous danserez en l'air avec la corde au cou. A-t-on jamais vu pareille scélérateste? A-t-on jamais entendu pareille effronterie? Et vous, grand pendard de rebelle, n'aurez-vous pas assez de grâce pour tenir les yeux baissés? Faut-il que vous osiez regarder la justice en face, comme si vous étiez un honnête homme! Est-ce que vous n'avez pas peur, monsieur? Ne voyez-vous pas la mort qui vous attend?

— Je l'ai déjà vue, mylord, et je n'en ai pas peur, répondis-je.

— Race de vipères! cria-t-il en levant les mains. Le meilleur des pères, le plus bienveillant des rois! Ayez soin que mes paroles soient transcrites sur le procès-verbal, greffier! Le plus indulgent des parents. Mais il faut ramener par le fouet à l'obéissance les enfants indociles.

Et sur ces mots, il eut un ricanement féroce.

— Le roi épargnera tout nouveau souci sur ce point à vos parents naturels. S'ils tenaient à vous conserver, ils n'avaient qu'à vous élever dans de meilleurs principes. Coquins, nous allons être miséricordieux envers vous. — Oh! miséricordieux, miséricordieux! Combien sont-ils ici, greffier?

— Cinquante-un, mylord.

— O égoût de vilenie! Cinquante-un coquins fieffés comme il n'y en eut jamais de traînés sur claie! Oh! quelle masse de corruption nous avons là! Qui défend les vilains?

— Je défends les prisonniers, Votre Seigneurerie, répondit le jeune légiste.

— Maître Helstrop! Maître Helstrop, cria Jeffreys, agitant sa grande perruque au point d'en faire tomber la poudre, vous êtes dans toutes ces sales affaires, Maître Helstrop. Vous pourriez bien vous trouver dans un cas fâcheux, Maître Helstrop. Parfois il me semble que je vous vois vous-même sur la sellette, Maître Helstrop. Il pourrait bien arriver que vous ayez aussi besoin d'un gentleman de robe longue, Maître Helstrop. Ah! prenez garde, prenez garde.

— Je suis désigné par la couronne, Votre Seigneurie, dit le légiste d'une voix tremblante.

— Dois-je donc m'entendre répliquer! brailla Jeffreys, dont les yeux noirs s'allumèrent d'une rage démoniaque. Serais-je insulté dans mon propre tribunal? Faudra-t-il que tout plaideur d'une pièce de cinq liards, parce que le hasard lui aura mis une perruque et une robe, vienne contredire le Lord juge et sauter à la figure de celui qui préside le Tribunal? Oh! Maître Helstrop, je crains de vivre assez longtemps pour vous voir arriver quelque malheur.

— J'implore le pardon de Votre Seigneurie, s'écria l'avocat au cœur défaillant, la figure aussi blanche que le papier de sa nomination.

— Prenez garde à vos paroles et à vos actes, répondit Jeffreys d'un ton de menace. Faites en sorte de ne pas exagérer le zèle à défendre l'écume de la terre. Eh bien, maintenant, voyons. Qu'est-ce que ces cinquante-un bandits désirent dire pour leur défense? Messieurs du jury, je vous prie de remarquer l'air de coupeurs de gorge qu'ont toutes ces figures. Il est heureux que le Colonel Kirke ait donné au tribunal une garde suffisante, car avec eux ni la justice ni l'Eglise ne sont en sûreté.

— Quarante d'entre eux demandent à plaider

coupables sur l'accusation d'avoir pris les armes contre le Roi, répondit notre avocat.

— Ah ! hurla le juge, vit-on jamais une imprudence aussi incomparable ? Vit-on jamais une effronterie aussi invétérée ? Coupables, disent-ils ? Ont-ils exprimé leur repentir de cette faute contre le meilleur, le plus patient monarque ! Ecrivez ces mots sur le procès-verbal, greffier.

— Ils ont refusé d'exprimer du repentir, Votre Seigneurerie, répondit le conseiller de la défense.

— Oh ! les parricides ! les impudents coquins ! cria le juge. Mettez ensemble ces quarante-là de ce côté-ci de l'enceinte. Oh ! messieurs, avez-vous jamais vu une pareille concentration de vice ! Regardez comment la bassesse, la scélératesse peuvent se dresser, la tête haute. Oh ! monstres endurcis ! Mais les onze autres ! Peuvent-ils donc espérer que nous ajouterons foi à ce mensonge transparent ? A cette ruse palpable ? Pourront-ils le faire avaler à la Cour ?

— Mylord, leurs moyens de défense n'ont pas encore été formulés, balbutia Maître Helstrop.

— Je suis capable de flairer un mensonge avant qu'il ne soit exprimé, gronda le juge. Je suis capable de le lire aussi vite que vous de le concevoir. Allons ! Allons ! le temps de la Cour est précieux. Proposez des moyens de défense ou asseyez-vous et qu'on prononce la sentence.

— Ces hommes, Mylord, dit le défenseur, qui tremblait au point que le parchemin se froissait avec bruit sous sa main, ces onze hommes, mylord...

— Onze diables, mylord, interrompit Jeffreys.

— Ce sont des paysans innocents, mylord, et qui aiment Dieu et le Roi. Ils ne se sont mêlés en aucune façon dans cette récente affaire. Ils ont été traînés hors de leur maison, mylord, non point parce qu'on les soupçonnait, mais parce qu'ils étaient hors d'état de satisfaire la rapacité de certains simples soldats qui, déçus dans leur espoir de butin...

— Oh ! honte ! honte ! cria Jeffreys d'une voix tonnante, trois fois honte ! Maître Helstrop, ne vous suffit-il pas de soutenir des rebelles, et faut-il encore que vous sortiez de votre sujet pour calomnier les troupes du Roi ? Où en vient le monde ? En un mot, qu'allèguent ces coquins pour leur défense ?

— Un alibi, Votre Seigneurerie !

— Ha ! L'argument connu de tous les gredins. Ont-ils des témoins ?

— Nous avons ici une liste de quarante témoins, Votre Seigneurerie. Ils attendent en bas. Beaucoup d'entre eux ont fait un long trajet, se sont exposés à bien de la peine, à des ennuis.

— Que sont-ils ? Qui sont-ils ? cria Jeffreys.

— Ce sont des gens de la campagne, Votre Seigneurerie, des cultivateurs, des fermiers, les voisins de ces pauvres gens, qu'ils connaissaient bien, et qui peuvent parler de ce qu'ils ont fait.

— Des cultivateurs, des fermiers, cria le juge à tue-tête, mais alors ils appartiennent à la même classe que ces hommes-là. Voudriez-vous que nous acceptions le serment de ces gens-là, qui sont eux-mêmes des Whigs, des Presbytériens, des prêcheurs, des camarades de taverne de ceux que nous sommes en train de juger ? Je parie qu'ils ont concerté cela à loisir tout en buvant leur bière. A loisir, à loisir, les coquins.

— Ne voulez-vous pas entendre les témoins, Votre Seigneurie ? s'écria notre avocat, rappelé à un faible sentiment d'énergie par cet outrage.

— Pas un mot d'eux, monsieur, dit Jeffreys. Je me demande si mon devoir envers le Roi, mon bon maître, — écrivez « bon maître » greffier, — ne m'autorise pas à faire asseoir tous vos témoins sur la sellette comme complices et fauteurs de trahison.

— S'il plaît à Votre Seigneurie, cria un des prisonniers, j'ai pour témoins M. Johnson, du Bas Stowey, qui est un bon Tory, et aussi M. Shepperton le clergyman.

— Il n'en est que plus honteux pour eux de se montrer dans une cause pareille, riposta Jeffreys. Que devons-nous dire, gentlemen du jury, en voyant la noblesse de campagne et le clergé de l'Eglise Etablie soutenir de cette manière la trahison et la rébellion ? Assurément c'est le dernier jour qui approche. Vous êtes un Whig des plus mal intentionnés, des plus dangereux, pour les avoir entraînés si loin de leur devoir.

— Mais écoutez-moi, Mylord, s'écria un des prisonniers.

— Vous écouter, veau mugissant ! cria le juge. Nous n'avons pas autre chose à entendre. Vous figurez-vous que vous êtes revenu à votre conciliabule, pour oser élever ainsi la voix. Vous entendre ! Parbleu ! Nous vous écouterons du bout d'une corde avant peu de jours.

— Nous avons peine à croire, dit un des conseillers de la Couronne, en se dressant soudain, avec un grand bruit de papiers froissés, nous avons peine à croire qu'il soit nécessaire pour la Couronne de préciser aucun cas. Nous avons déjà entendu bien des fois toute l'histoire de cette damnable, de cette exécrable entreprise. Les hommes, qui comparaissent devant Votre Seigneurie, se sont, pour la plupart, reconnus coupables, et parmi ceux qui s'obstinent, il n'y en a pas un qui ait pu nous donner quelque sujet de le croire innocent de l'horrible crime dont il est accusé. En conséquence les gentlemen de la robe longue sont d'accord pour déclarer que le jury peut être requis tout de suite de prononcer un seul verdict sur la totalité des accusés.

— Et c'est... demanda Jeffreys, en se tournant vers le chef des jurés pour l'interroger du regard.

— Coupable, Votre Seigneurie, dit celui-ci, en ricanant, pendant que les jurés ses confrères hochaient la tête et échangeaient des rires.

— Naturellement, naturellement ! Coupables comme Judas Iscariote, cria le juge, en regardant d'un air triomphant la foule des paysans et bourgeois qui se trouvait devant lui. Faites-les avancer un peu, huissiers, afin que je puisse les considérer plus avantageusement. Oh ! les rusés ! N'est-ce pas que vous voilà pris ! N'est-ce pas que vous êtes cernés ? Où pouvez-vous fuir maintenant ? Ne voyez-vous pas l'enfer s'ouvrir à vos pieds ? Eh ! n'est-ce pas que vous avez peur ? Oh ! elle sera courte, courte, votre confession.

On eût dit que le diable en personne était entré en cet homme, car tout en parlant, il se tordait d'un rire infernal et tapotait le coussin rouge qui était devant lui.

Je promenai un regard sur mes compagnons, mais il semblait que leurs figures eussent été taillées dans le marbre.

S'il avait compté voir un œil se mouiller, une lèvre trembler, cette satisfaction lui était refusée.

— Si j'étais libre d'agir, dit-il, pas un de vous n'échapperait à la corde. Oui, et si j'étais libre d'agir, certains dont l'estomac est trop délicat pour cette besogne et qui prétendent servir le Roi du bout des lèvres, tout en intercédant pour ses pires ennemis, auraient eux-mêmes de quoi garder un souvenir des assises de Taunton. Oh! les plus ingrats des rebelles! N'avez-vous pas entendu comme quoi votre très tendre et très miséricordieux monarque, le meilleur des hommes (greffier; mettez cela par écrit) cédant à l'intercession de ce grand et charitable homme d'état, Lord Sunderland, (greffier, écrivez cela) a pitié de vous. Cela ne vous a-t-il pas amolis? Cela ne vous a-t-il pas inspiré l'horreur de vous-mêmes? Je le déclare, quand j'y songe...

... Et sur ces mots, la respiration lui manqua tout à coup.

Il éclata en sanglots, les larmes ruisselèrent sur ses joues...

— ... Quand j'y songe, à cette patience chrétienne, à cette ineffable miséricorde, je me sens contraint d'évoquer en mon esprit ce Grand Juge devant lequel nous tous, et même moi, nous aurons un jour à rendre nos comptes. Faut-il recommencer greffier, ou bien est-ce déjà écrit?

— C'est écrit, Votre Seigneurie.

— Alors écrivez en marge: « sanglots. » Il est bon que le Roi soit instruit de notre opinion en pareille matière. Sachez donc, vous les rebelles les plus perfides et les plus dénaturés, que ce bon père, que vous avez repoussé du talon, est venu s'interposer entre vous et les lois offensées par vous. Sur son ordre, j'écarte de vous le châtiment que vous avez mérité. Si vraiment vous êtes capables de prier, si vos conciliabules mortels pour l'âme n'ont pas chassé de vous toute grâce, tombez à genoux, et exprimez votre gratitude en apprenant de moi qu'il vous est accordé à tous un pardon entier.

Alors le juge se leva de son siège, comme s'il allait descendre du tribunal, et nous échangeâmes des regards stupéfaits sous l'impression de ce dénouement si inattendu du procès.

Les soldats et les gens de loi ne furent pas moins ébahis, pendant qu'un murmure de joie et d'approbation se faisait entendre, parmi les quelques campagnards qui avaient eu la hardiesse de s'aventurer dans cette enceinte maudite.

— Toutefois, reprit Jeffreys, en se tournant, un malicieux sourire sur les lèvres, ce pardon est subordonné à certaines conditions et réserves. Vous serez tous conduits d'ici à Poole, enchaînés, et vous y trouverez un navire qui vous attend. Vous serez enfermés avec d'autres dans la cale dudit navire et transportés aux frais du Roi dans les Plantations, pour y être vendus comme esclaves. Puisse Dieu vous donner des maîtres qui sachent faire un usage libéral du bâton et du cuir pour amolir vos esprits obstinés et vous porter à de meilleures pensées.

Il était de nouveau sur le point de se retirer, lorsqu'un des conseillers de la Couronne lui dit un mot à demi voix.

— Une bonne idée! s'écria le juge. J'avais oublié. Ramenez les prisonniers, huissiers. Peut-être vous figurez-vous que par les Plantations j'entends les possessions de Sa Majesté en Amérique. Malheureusement il s'y trouve déjà trop de gens de votre religion. Vous seriez tous au milieu d'amis qui vous encourageraient peut-être dans votre mauvaise voie et mettraient ainsi votre salut en danger. Vous y envoyer, ce serait ajouter du bois au feu, tout en se flattant d'éteindre l'incendie. Ainsi donc, par les Plantations, j'entends les Barbades, où vous vous trouverez avec les autres esclaves, qui ont peut-être la peau plus noire que la vôtre, mais dont j'ose affirmer qu'ils ont l'âme plus blanche.

Le procès se termina sur ce speech final, et nous fûmes ramenés, à travers la foule qui emplissait les rues, dans la prison d'où nous avions été tirés.

Des deux côtés de la rue, sur notre passage, nous pûmes voir les membres de nos anciens compagnons se balançant au vent, et leurs têtes fichées sur des perches et des piques nous regardaient en ricanant.

Nul pays sauvage du cœur de la païenne Afrique ne devait présenter un spectacle égalant en horreur celui de la ville anglaise de Taunton, pendant qu'y régnèrent Jeffreys et Kirke.

Il y avait de la mort dans l'air.

Les citadins allaient et venaient timides, silencieux, osant à peine s'habiller de noir en mémoire de ceux qu'ils avaient aimés et perdus, de peur qu'on ne bâtit sur ce fait une accusation de trahison.

A peine étions-nous de retour dans le magasin aux laines qu'un sergent entra, accompagnant un homme long, à figure pâle, aux dents saillantes, que son costume bleu clair, ses culottes de soie blanche, l'épée à pommeau d'or, les brillantes boucles de ses souliers, permettaient de ranger parmi ces raffinés de Londres que l'intérêt ou la curiosité avaient amenés sur le théâtre de la rébellion. Il marchait à petits pas sur la pointe des pieds comme un maître de danse français, en agitant son mouchoir parfumé devant son nez mince et proéminent, et respirait des sels aromatiques contenus dans un flaçon bleu qu'il tenait de la main gauche.

— Par le Seigneur! s'écria-t-il, mais la puanteur de ces sales misérables est de force à vous couper la respiration! Oui, par le Seigneur, qu'on m'arrache les organes vitaux si je me risquerais parmi eux à moins d'être, comme je le suis, un véritable débauché d'enfer! Y a-t-il quelque danger d'attraper la fièvre des prisons, sergent?

— Ils sont tous aussi sains que des carpes, Votre Honneur, dit le sous-officier, en portant la main à son bonnet.

— Hé! Hé! s'écria le raffiné, avec un rire suraigu. Ce n'est pas souvent que vous recevez la visite d'une personne de qualité, j'en suis sûr.

C'est pour affaires, sergent, pour affaires. *Auri sacra fames.* Vous vous rappelez, sergent, ce que dit Virgilius Maro.

— Jamais entendu causer ce gentleman, monsieur, du moins à ma connaissance, dit le sergent.

— Hé ! Hé ! jamais entendu causer ? Hé ! Voilà qui aura du succès chez Slaughter, sergent. Voilà qui fera bien pouffer de rire chez Slaughter. Par mon âme ! Mais quand je lance une histoire, les gens se plaignent de ne pouvoir se faire servir, car les garçons rient tellement qu'on ne peut tirer d'eux aucun travail. Oh ! qu'on me saigne ! Mais voilà une troupe bien sale, bien profane. Faites approcher les mousquetaires, sergent, de peur qu'ils ne sautent sur moi.

— Nous y veillerons, Votre-Honneur.

— Il m'est accordé une douzaine d'entre eux, et le capitaine Pogram m'a offert douze livres par tête. Mais il me faut de solides coquins, solides, robustes, car le voyage en tue beaucoup, sergent, et le climat les éprouve pareillement. Ah ! en voici un qu'il me faut. Oui, c'est très vrai. Il est jeune. Il a en lui beaucoup de vie et beaucoup de force. Marquez-le à part, sergent. Marquez-le.

— Il se nomme Clarke, dit le soldat. Je l'ai marqué.

— Si celui-ci est le clerc, je désirerais avoir

un prêtre pour faire la paire, s'écria le fat, en reniflant son flacon. Saisissez-vous la plaisanterie, sergent? Hé! Hé! Votre lentour d'esprit s'élève-t-elle à cette hauteur? Qu'on me fasse tourner au rouge, si je ne me sens pas en train. Et cet autre, là-bas, à la figure brune, vous pouvez le marquer aussi, et de même le jeune qui est à côté de lui. Marquez-le. Ah! il agite la main de mon côté. Tenez ferme, sergent. Où sont mes sels. Qu'y a-t-il, l'homme? Qu'y a-t-il?

— S'il plaît à Votre Honneur, dit le jeune paysan, s'il vous convient de me choisir pour faire partie d'une troupe, j'espère que vous permettrez à mon père, que voici, de venir aussi avec nous.

— Peuh! Peuh! s'écria le fat, vous êtes déraisonnable, oui vraiment. A-t-on jamais ouï chose pareille? L'honneur le défend. Comment oserai-je imposer un vieil homme à mon honnête ami, le capitaine Pogram. Fi! Fi! qu'on me coupe en deux s'il ne dirait pas que je l'ai filouté! Il y a là-bas un gaillard, un luron à tête rousse, sergent. Les nègres se figureront qu'il a pris feu. Ceux-là, avec ces six solides rustres, compléteront ma douzaine.

— Vous avez vraiment le dessus du panier, dit le sergent.

— Oui, qu'on me noie si je n'ai pas le coup d'œil prompt en fait de chevaux, d'hommes et de femmes! Je trouverai en un instant ce qu'il y a de mieux dans une fournée. Douze fois douze, bien près de cent cinquante pièces, sergent, qui n'auront coûté que quelques mots. Je n'ai eu qu'à envoyer ma femme, une personne diantrement belle, remarquez bien, et qui s'habille à la mode, à mon bon ami le secrétaire, pour lui demander quelques rebelles. « Combien? dit-il. — Une douzaine, cela suffira. » Et tout a été réglé d'un trait de plume. Pourquoi là maudite sotte n'a-t-elle pas pensé à en demander un cent? Mais qu'y a-t-il, sergent, qu'y a-t-il?

Un petit homme vif, à tête en potiron, vêtu d'un habit de cheval et de grandes bottes, venait d'entrer à grand bruit d'éperons dans le magasin aux laines, d'un air fort assuré, fort autoritaire, porteur d'un grand sabre de forme antique qui traînait derrière lui, et agitant une cravache.

— Bonjour, sergent, dit-il d'une voix forte et impérieuse, vous avez peut-être entendu parler de moi? Je suis monsieur John Wooton, de Langmere House, qui s'est donné tant de tracas pour le Roi et que M. Godolphin a appelé, en pleine Chambre des Communes, une des colonnes locales de l'Etat. Ce furent ses propres paroles. C'est beau, n'est-ce pas? Des colonnes? Remarquez cette idée ingénieuse : l'Etat serait en quelque sorte un palais ou un temple, et les fidèles sujets autant de colonnes, et je fus l'une d'elles.

Je suis une colonne locale. J'ai reçu un permis royal, sergent, pour choisir parmi vos prisonniers dix solides coquins que je pourrai vendre, comme récompense de mes efforts. Rangez-les donc en ligne, que je puisse faire mon choix.

— Alors, monsieur, nous sommes ici pour la même affaire, dit le Londonien, qui mit la main sur son cœur en s'inclinant si bas qu'on eût dit que son épée prenait une direction perpendiculaire vers le plafond, l'honorable Georges Dawnish, à votre service! Votre très humble et très dévoué serviteur, monsieur. A vos ordres en toutes choses, en toutes circonstances. C'est vraiment une joie, une faveur, monsieur, de faire votre distinguée connaissance. Hem!

Le hobereau parut quelque peu décontenancé par cette averse de salamalecs londoniens.

— Ahem! monsieur! oui, monsieur, dit-il en agitant la tête avec rapidité. Enchanté de vous voir, monsieur! Diablement enchanté! Mais ces hommes, sergent! Le temps presse, car il y a marché demain à Shepton, et je serais enchanté de voir mon vieux ragot avant qu'il ne soit vendu. En voilà un bien en chair. Il me le faut.

— Pardieu! je vous ai devancé, s'écria le courtisan. Qu'on me noie, si cela ne me fait pas de la peine. Il est à moi.

— Alors celui-ci, dit l'autre, en le montrant avec sa cravache.

— Il est à moi aussi. Ma parole! mais c'est par trop drôle.

— Corps de Dieu! Combien en avez-vous? s'écria le squire de Dulverton.

— Une douzaine! Hé! Hé! La douzaine toute ronde. Qu'on me crève si je n'ai pas eu le meilleur choix avant vous! Le premier oiseau levé, vous connaissez le vieux dicton.

— C'est une infamie, cria le squire en colère, une honte, une infamie. Il faut que nous nous battions pour le Roi, que nous risquions notre peau, et alors, quand tout est fini, voici qu'arrive un troupeau de laquais d'antichambre, qui viennent nous escamoter le choix avant que leurs maîtres soient servis!

— Laquais d'antichambre, monsieur, piailla le raffiné. Sur la mort, monsieur, voilà qui touche à mon honneur de très près. J'ai vu couler du sang, monsieur, et des blessures s'ouvrir pour de moindres provocations. Rétractez-vous, monsieur, rétractez-vous.

— Arrière, perche à porter les habits! dit l'autre d'un ton méprisant. Vous êtes venu, comme les autres oiseaux mangeurs de charognes, quand la bataille est finie. Est-ce qu'on a prononcé votre nom en plein Parlement? Est-ce que vous êtes une colonne locale? Arrière, arrière, mannequin de tailleur!

— Et vous, insolent rustre en sabots, s'écria le fat, lourdaud au langage grossier, la seule colonne avec laquelle vous ayez jamais fait connaissance est le poteau à fouetter. Ha ! sergent, il porte la main à son épée. Arrêtez-le, sergent, arrêtez-le, ou je lui ferai peut-être du mal.

— Non, messieurs, s'écria le sous-officier, cette querelle ne doit pas se poursuivre ici. Nous ne pouvons tolérer qu'on fasse du désordre dans l'intérieur de la prison, mais il y a au dehors une pelouse bien nivelée, où il y a autant d'espace qu'un gentilhomme peut en souhaiter pour se donner de l'exercice.

Cette proposition ne parut plaire à aucun des deux gentlemen en colère, qui se mirent à comparer la longueur de leurs épées et à jurer qu'avant le coucher du soleil chacun aurait des nouvelles de l'autre.

Notre propriétaire, car je puis appeler ainsi le fat, partit enfin, et le hobereau, après avoir choisi les dix hommes suivants, s'en alla à grand fracas, pestant après les courtisans, les londoniens, le sergent, les prisonniers, et principalement contre l'ingratitude du gouvernement, qui le récompensait aussi chichement de son zèle.

Cette scène ne fut que la première d'un grand nombre d'autres semblables, car le gouvernement, qui s'efforçait de satisfaire aux demandes de ses partisans, avait promis beaucoup plus de prisonniers qu'il n'y en avait.

Je suis fâché d'avoir à le dire, j'ai vu non seulement des hommes, mais encore des femmes de mon pays, des dames titrées même, se tordre les mains, se lamenter parce qu'il leur avait été impossible d'obtenir quelqu'un de ces pauvres gens du comté de Somerset pour le vendre comme esclave.

Et en fait, il fut fort difficile de leur faire comprendre que leurs sollicitations auprès du Gouvernement ne leur donnaient aucunement le droit de s'emparer du premier citadin ou paysan qui leur tomberait sous la main et de l'expédier aux Plantations sans autre forme de procès.

Ainsi donc, mes chers petits enfants, je vous ai ramenés avec moi dans le passé pendant toutes les soirées de ce long et ennuyeux hiver, je vous ai fait assister à des scènes dont tous les acteurs sont sous terre, à part peut-être un ou deux barbons comme moi, pour garder quelque souvenir d'eux.

J'ai appris que vous, Joseph, vous avez mis par écrit, chaque matin, ce que je vous avais raconté la veille.

Vous avez fort bien fait d'agir ainsi, car vos enfants et les enfants de vos enfants pourront y prendre de l'intérêt et même éprouver quelque fierté, en apprenant que leurs ancêtres ont joué un rôle dans de telles scènes.

Mais voici que le printemps arrive, que la verdure se dépouille de sa neige, en sorte que vous avez mieux à faire que de rester assis à écouter les histoires d'un vieillard loquace.

Ah! ah! vous secouez la tête.

Mais la vérité, c'est que vos jeunes membres ont besoin de s'exercer, de se fortifier, de se consolider, et vous n'obtiendrez jamais ce résultat en vous rôtissant devant ce grand feu.

De plus, maintenant mon histoire marche rapidement à sa fin, car je n'ai jamais eu l'intention de vous conter autre chose que les événements qui se rapportent à l'insurrection de l'Ouest.

Si la partie qui s'achève a été des plus mornes, si elle n'a point pour dénoûment un joyeux carillon et des poignées de mains, comme dans les livres à bon marché, c'est à l'histoire et non à moi qu'il faut vous en prendre. Car la Vérité est une maîtresse sévère, et une fois qu'on s'est mis en route avec elle, il faut suivre la commère jusqu'au bout, dût-elle braver carrément toutes les règles, toutes les conditions, qui voudraient faire de cette confusion inextricable qu'est le monde le jardin bien régulier, à la hollandaise, des conteurs d'histoires.

Trois jours après notre procès, nous fûmes alignés dans la rue du Nord, devant le château, avec des hommes venus d'autres prisons et qui devaient partager notre sort.

Nous étions placés sur quatre de front et une corde réunissait chaque rang au suivant.

Je comptai cinquante de ces rangs, ce qui porterait notre total à deux cents.

De chaque côté marchaient des dragons.

Nous avions devant et derrière nous des compagnies de mousquetaires pour empêcher toute tentative d'attaque ou d'évasion.

Nous partîmes ainsi rangés le dix septembre, au milieu des larmes et des gémissements des gens de la ville, parmi lesquels beaucoup voyaient leurs fils ou leurs frères en route pour l'exil sans pouvoir échanger avec eux un dernier mot, une étreinte.

Quelques-uns de ces pauvres gens, des vieux tout ridés, au chef branlant, des femmes décrépites, marchèrent péniblement pendant des milles à notre suite sur la grande route, jusqu'au moment où l'infanterie de l'arrière-garde fit volte-face de leur côté et les chassa avec des jurons et des coups de leurs baguettes de fusil.

Ce jour-là, nous passâmes par Yeovil et Sherborne.

Le lendemain, on traversa les Dunes du Nord jusqu'à Blandford, où nous fûmes parqués ensemble comme des bestiaux et laissés là pendant la nuit.

Le troisième jour, nous reprîmes notre marche à travers Wimborne et une série de jolis villages du Comté de Dorset, les derniers villages anglais que devaient voir la plupart d'entre nous pour bien des longues années.

A une heure avancée de l'après-midi, nous

vîmes apparaître les vergues et les agrès des navires dans le Port de Poole.

Au bout d'une autre heure, nous descendîmes le sentier ardu et rocailleux qui mène à la ville.

Là nous fûmes rangés sur le quai en face du brick au large pont, aux lourdes manœuvres qui était destiné à nous conduire vers l'esclavage.

Pendant toute cette marche, nous fûmes traités avec la plus grande bonté par le menu peuple.

Il accourait de tous ces cottages avec des fruits et du lait qu'ils partageaient entre nous.

Dans d'autres endroits, des ministres dissidents risquèrent leur vie en venant se poster sur les bords de la route, pour nous bénir au passage, sous les grossières plaisanteries et les jurons des soldats.

Nous montâmes à bord et fûmes menés dans la cale par le lieutenant du navire, un grand marin à figure rouge, aux oreilles ornées d'anneaux, pendant que le capitaine, debout sur la poupe, les jambes écartées, la pipe à la bouche, nous vérifiait l'un après l'autre au moyen d'une liste qu'il tenait à la main.

Quand il vit de près la construction solide et l'air de santé rustique des paysans, que n'avait pu entamer même leur longue captivité, ses yeux pétillèrent et il frotta de plaisir ses grosses mains rouges.

— Conduisez-les en bas, Jim, ne cessait-il de

crier au lieutenant. Arrimez-les comme il faut. Là-bas. Il y a des logements dignes d'une duchesse, sur ma foi, une duchesse. Emballez-moi cela.

Nous défilâmes l'un après l'autre devant le capitaine enchanté.

Puis, nous descendîmes par l'échelle raide qui aboutissait à la cale.

Arrivés là, nous fûmes conduits dans un étroit corridor, sur chaque côté duquel s'ouvraient les compartiments qui nous étaient destinés.

A mesure qu'un homme se trouvait devant celui qui lui était réservé, il y était poussé par le vigoureux lieutenant, et fixé au plancher par des entraves aux chevilles que mettait en place l'armurier du bord.

Il faisait nuit quand nous fûmes tous enchaînés, mais le capitaine fit une ronde avec une lanterne pour s'assurer que sa propriété était en parfaite sûreté.

Je pus l'entendre, ainsi que le lieutenant, calculer la valeur de chaque prisonnier et compter ce qu'il en tirerait sur le marché des Barbades.

— Leur avez-vous servi leur fourrage, Jim? demanda-t-il en mettant sa lanterne successivement dans chaque compartiment. Vous êtes-vous assuré qu'ils ont eu leur ration?

— Un pain d'avoine et une pinte d'eau, répondit le lieutenant.

— Une duchesse s'en contenterait, par ma foi, s'écria le capitaine. Regardez-moi celui-ci, Jim. Regardez-moi ses grandes mains : il pourrait travailler des années dans les rizières, avant que les crabes de terre viennent le dévorer.

— Oui, nous aurons une belle vente aux enchères chez les colons pour cet assortiment. Par Dieu! Capitaine, vous avez fait là une fameuse affaire. Morbleu, vous avez roulé ces gens de Londres de la belle manière.

— Qu'est-ce que cela? hurla le capitaine. En voici un qui n'a pas touché à sa ration? Ah! ça, mon homme, est-ce que vous auriez l'estomac trop délicat pour manger ce que d'autres ont trouvé bon, qui valaient mieux que vous.

— Je n'ai pas le cœur à manger, monsieur, répondit le prisonnier.

— Eh quoi! Se permettrait-on des caprices, des fantaisies? Prétendez-vous trier, choisir? Je vous le dis, mon homme, vous m'appartenez corps et âme. Je vous ai payé dix belles pièces, et maintenant il faut que je m'entende dire que vous ne voulez pas manger. Mettez-vous à la besogne à l'instant, capricieux coquin, où je vous fais passer à l'estrapade.

— En voici un autre qui reste continuellement la tête penchée sur la poitrine, sans entrain, sans vie.

— Chien de révolté, d'entêté, cria le capitaine, de quoi vous plaignez-vous? Pourquoi faites-vous une figure d'assureur pendant une tempête?

— S'il vous plait, monsieur, c'est que je ne fais que penser à ma vieille mère, là-bas, à Wellington, et je me demande qui la nourrira maintenant que je n'y suis plus.

— Hé, qu'est-ce que cela me fait? brailla le brutal marin. Comment ferez-vous pour arriver au terme de votre voyage, en bon état de santé, et le cœur content, si vous restez là comme une poule malade sur son perchoir? Riez, mon homme, faites-vous gai, ou bien je vous donnerai de quoi pleurer. C'est honteux pour vous, torchon de terrien, de bouder, de geindre comme un enfant qu'on vient de sevrer. N'avez-vous pas tout ce que le cœur peut souhaiter? Faites-lui tâter d'un bout de corde, Jim, si jamais vous le rattrappez à se faire du mauvais sang. Ce qu'il fait là, ce n'est que pour nous ennuyer.

— Votre Honneur m'excusera, dit un matelot accourant du pont. Il y a à l'arrière un étranger qui désire s'entretenir avec Votre Honneur.

— Quelle sorte d'homme est-ce, l'ami?

— C'est certainement une personne de qualité, Votre Honneur. Il parle avec autant d'aplomb que s'il était le capitaine du navire. Le maître d'équipage n'a fait que le frôler et il s'est mis à jurer, à sacrer après lui, à le regarder en face, avec des yeux de chat sauvage, si bien que Job Harrisson se figure avoir embarqué le diable en personne. Les hommes ne trouvent pas sa tournure fort à leur gré.

— Que diable peut-être ce godelureau ? dit le capitaine. Allez sur le pont, Jim, et dites-lui que je suis occupé à compter mon bétail sur pied et que j'irai le trouver dans un instant.

— Non, Votre Honneur, on aura des ennuis, si vous ne montez pas. Il jure qu'il n'entend pas se laisser berner, qu'il veut vous voir tout de suite.

— Que son sang soit maudit, quel qu'il soit ! grommela le marin. Tout cop est maître sur son tas de fumier. Que veut dire ce coquin ? Quand même il serait le Lord du Sceau privé, je tiens à lui faire savoir que je suis le maître sur mon pont.

En disant ces mots et les accompagnant de grondements d'indignation, le lieutenant et le capitaine retirèrent, à eux deux, l'échelle, et firent retomber le lourd panneau de l'écoutille après leur passage.

Une seule lampe à huile, suspendue à une des solives au centre du couloir, qui séparait les deux rangées de cellules, était tout l'éclairage qu'on nous accordait.

A sa jaune et trouble lueur, nous distinguions vaguement les grosses côtes de bois du navire se courbant de chaque côté de nous et supportant les traverses qui soutenaient le pont.

Une odeur infecte, provenant de l'eau stagnante, empoisonnait l'air épais et lourd.

A chaque instant, un rat, poussant un cri aigü, et avec un bruit de piétinement, s'élançait à travers la zone éclairée, et disparaissait un peu loin dans les ténèbres.

La forte respiration que j'entendais autour de moi m'apprit que mes compagnons, épuisés par leur voyage et leurs souffrances, avaient fini par s'endormir.

De temps à autre, un lugubre tintement de chaînes, la brusque interruption du souffle, et une inspiration profonde rappelaient qu'un pauvre paysan, encore sous l'influence d'un rêve qui lui montrait son humble coin de terre parmi les bosquets des Mendips, se réveillait brusquement pour voir le vaste cercueil dans lequel il se trouvait et pour respirer l'air empoisonné de la prison flottante.

Je restai longtemps éveillé, tout entier à mes pensées au sujet de moi-même, et aussi des pauvres créatures qui m'entouraient.

A la fin, cependant, le battement rythmique de l'eau contre les flancs du navire, le léger roulis et le tangage me firent tomber dans un sommeil dont je fus brusquement tiré par une lumière passant devant mes yeux. Je me mis sur mon séant et vis plusieurs matelots groupés autour de moi, avec un homme de haute taille enveloppé d'un manteau noir, qui tenait une lanterne au-dessus de ma tête.

— C'est l'homme en question, dit-il.

— Allons, matelot, il faut que vous veniez sur le pont, dit l'armurier du bord.

Et de quelques coups de son marteau, il fit tomber les fers de mes pieds.

— Suivez-moi, dit l'inconnu de haute stature, en me précédant vers l'échelle de l'écoutille.

C'était une sensation céleste de revenir encore une fois à l'air pur.

Les étoiles brillaient au ciel de tout leur éclat.

Une fraiche brise soufflait de la terre et murmurait une charmante chanson à travers les agrès.

Tout près de nous, les lumières de la ville jetaient des éclats jaunes et gais.

Plus loin, la lune regardait à la dérobée pardessus les collines de Bournemouth.

— Par ici, monsieur, dit le marin, tout droit, dans la cabine, monsieur.

Suivant toujours mon guide, je me trouvai dans la cabine basse du brick.

Une table carrée, luisante, en occupait le centre, et une lampe à lumière éclatante se balançait au-dessus.

Tout au bout, en plein dans la partie éclairée, le capitaine était assis, la figure rayonnante d'avidité et d'espoir.

Sur la table il y avait une petite pile de pièces d'or, une bouteille de rhum, des verres, une boîte à tabac et deux longues pipes.

— Mes compliments, capitaine Clarke, dit le

capitaine, avançant sa tête ronde, hérisée. Agréez les félicitations d'un honnête marin. A ce qu'il paraît, nous ne sommes pas destiné à être compagnons de voyage, malgré tout.

— Le capitaine Micah Clarke doit faire un voyage pour son compte, dit l'inconnu.

Au son de sa voix, je sursautai d'étonnement.

— Grands Dieux ! m'écriai-je, Saxon !

— Vous l'avez deviné, dit-il en rejetant son manteau et me montrant la figure et la tournure bien connues du soldat de fortune. Par ma foi ! l'ami, si vous avez pu me recueillir dans le Solent, je puis bien, je suppose, vous tirer de ce maudit piège à rats où je vous trouve. C'est partie liée, comme on dit devant le tapis vert. Sans doute je vous en voulais à mort au moment de notre dernière séparation, mais je vous gardais quand même un coin de mon âme.

— Une chaise et un verre, capitaine Clarke, s'écria le patron. Parbleu ! Je pense que vous êtes tout disposé à lever le petit doigt et à vous rincer le sifflet après tout ce que vous avez traversé.

Je m'assis à table.

La tête me tournait.

— Voilà qui est trop profond pour moi, dis-je. Que signifie tout cela et comment est-ce arrivé ?

— Pour mon compte, le sens est aussi clair que le verre de mon habitacle, dit le marin. Votre bon ami le Colonel Saxon, — c'est son nom à ce que j'apprends, — m'a offert autant d'argent que je pouvais espérer d'en gagner en vous vendant dans les Indes. Ma parole ! je suis rude et je parle franc, mais j'ai le cœur au bon endroit. Oui, oui, je ne voudrais pas enlever par fraude un homme si je pouvais lui rendre la liberté, mais nous avons à veiller sur nos intérêts et le commerce ne marche guère.

— Alors je suis libre ! dis-je.

— Vous êtes libre, répondit-il. Voici l'argent de votre achat sur la table. Vous pouvez aller où il vous plaira, excepté en Angleterre, où vous êtes encore hors la loi, par le fait de votre sentence.

— Comment avez-vous fait cela, Saxon ? demandais-je. N'avez-vous rien à craindre pour vous-même.

— Ho ! Ho ! fit le vieux soldat en riant, je suis un homme libre, mon garçon. Je tiens mon pardon et je ne me soucie d'un espion ou d'un dénonciateur pas plus que d'un maravédi. Qui ai-je rencontré, il y a un jour ou deux ? Le Colonel Kirke en personne. Oui, mon garçon, je l'ai rencontré dans la rue, et à son nez, j'ai mis mon chapeau de travers. Le gredin a porté la main à la poignée de son épée, et j'allais dégaîner pour envoyer son âme au diable, si on ne nous avait pas séparés. Jeffreys et les autres me sont aussi indifférents que les cendres de cette pipe. Je peux faire claquer ce pouce et cet index pour les narguer. Ils aiment mieux voir le dos de Decimus Saxon que sa figure, je vous en réponds, oui !

— Mais d'où vient cela ? demandai-je.

— Eh ! Vierge Marie, ce n'est point un mystère. Les vieux oiseaux, qui ont de l'expérience, ne se prennent pas avec de la paille. Lorsque je vous quittai, je me mis en route pour certaine hôtellerie où je pouvais être sûr de trouver une personne amie. J'y passai quelque temps *en cachette*, ainsi que disent les Français, afin de préparer à bien le plan que j'avais en tête. Eclair et tonnerre ! j'eus une peur terrible que me causa ce vieux marin votre ami, qui pourrait être vendu comme peinture, car en tant qu'homme, il n'est plus bon à grand'chose.

Bon, je me rappelai assez tôt l'affaire de votre visite à Badminton et du Duc de B.... Nous ne nommerons personne, mais vous devinerez aisément de quoi je parle. Je lui envoyai un messager pour lui dire que je comptais acheter mon pardon en faisant connaître tout ce que je savais du double jeu qu'il avait joué avec les rebelles.

Le message fut remis secrètement et il me répondit que je le trouverais lui-même, à un certain endroit, la nuit.

Au lieu de m'y rendre en personne, j'y envoyai mon messager, qui fut trouvé le lendemain raide mort avec plus de boutonnières dans son doublet que le tailleur n'en avait fait.

Sur quoi j'envoyai de nouveau, en me montrant plus exigeant et parlant d'un prompt arrangement.

Il me demanda mes conditions.

Je répondis : un pardon complet et un commandement pour moi, et pour vous une somme suffisante pour que vous puissiez vous rendre commodément dans un pays étranger et vous adonner à la noble profession des armes.

J'obtins l'un et l'autre, quoique cela fût aussi dur que si on lui arrachait les dents.

Son nom a grand crédit à la Cour en ce moment même et le Roi ne peut rien lui refuser.

J'ai mon pardon et un commandement de troupes dans la Nouvelle-Angleterre.

Pour vous, j'ai deux cents pièces; sur lesquelles trente ont servi à payer votre rançon au capitaine; vingt autres me sont dues pour mes avances en cette affaire.

Vous trouverez dans ce sac les cent cinquante et quelques pièces, sur lesquelles vous en paierez quinze aux pêcheurs qui ont pris l'engagement de vous transporter à Flessingue.

Vous n'aurez aucune peine à croire, mes chers enfants, combien je fus bouleversé par ce brusque revirement des choses.

Lorsque Saxon eut cessé de parler, je restai comme étourdi à essayer de comprendre ce qu'il m'avait dit.

Puis, il me vint à l'esprit une pensée qui glaça la flamme d'espoir et de bonheur qu'avait fait jaillir en moi l'idée de ma liberté recouvrée.

Ma présence avait été un aide, une consolation pour mes malheureux compagnons.

Ne serait-ce pas cruauté que de les abandonner dans leur détresse? Il n'y en avait pas un seul parmi eux qui ne levât les yeux vers moi dans sa peine, et dans la faible mesure de mes ressources je les avais secourus et réconfortés.

Comment les abandonner maintenant?

— Je vous suis extrêmement obligé, Saxon, dis-je enfin en parlant avec lenteur, et avec quelque difficulté, car c'étaient des paroles pénibles à prononçer, mais je crains que vous ne vous soyez donné des peines inutiles. Les pauvres paysans n'ont personne pour les soigner, pour les aider. Ils sont aussi simples que des enfants, et tout aussi peu faits pour être débarqués dans un pays inconnu. Je ne puis prendre sur moi de les abandonner.

Saxon éclata de rire, en se renversant sur sa chaise, allongeant ses grandes jambes et enfonçant les mains dans les poches de sa culotte.

— Voilà qui est trop fort, dit-il enfin. J'avais prévu bien des difficultés sur ma route, mais celle-là, je n'y songeais pas! Vous êtes, il faut le dire, l'homme le plus contrariant qui ait jamais porté le justaucorps de cuir de bœuf. Vous avez toujours quelque raison tirée on ne sait d'où pour vous échapper, pour vous effrayer, comme un poulain étourdi, à moitié dompté. Et pourtant je crois pouvoir venir à bout, avec un peu de persuasion, de ces étranges scrupules qui vous prennent.

— Quant aux prisonniers, Capitaine Clarke, dit le marin, je me conduirai envers eux comme un père, sur ma parole, je le ferai, foi d'honnête marin. S'il vous convenait de prélever une bagatelle d'une vingtaine de pièces pour leur assurer le confortable, je veillerais à ce qu'ils aient une nouriture telle que beaucoup d'entre eux n'en ont jamais eu la pareille à leur propre table. Et en outre ils viendront sur le pont, pendant les quarts, et prendront l'air frais une heure ou deux par jour. Je ne puis rien proposer de plus équitable.

— J'ai un ou deux mots à vous dire sur le pont, fit Saxon.

Il sortit de la cabine, et je le suivis jusqu'au bout de la poupe, où nous restâmes debout adossés aux bastingages.

Les lumières s'étaient éteintes l'une après l'autre dans la ville, en sorte que l'océan noir battait contre le rivage plus noir encore.

— Vous n'avez pas à vous tourmenter au sujet de l'avenir des prisonniers, dit-il en me parlant tout bas. Ils ne partiront pas pour les Barbades, et ce capitaine, à l'âme aussi dure qu'un caillou n'aura pas à les vendre, malgré toute la certitude qu'il en a. S'il peut se tirer d'affaire en sauvant sa peau, il aura plus de chance que je ne crois. Il a sur son bord un homme qui ne ferait pas plus de façon que moi pour lui donner une poussée par-dessus bord.

— Que voulez-vous dire, Saxon? m'écriai-je.

— Avez-vous jamais entendu parler d'un certain Hector Marot?

— Hector Marot? Oui, certes, je le connais fort bien. C'était un détrousseur de grand chemin sans doute, mais avec cela un gaillard d'une énergie terrible, et un bon cœur sous l'habit d'un voleur.

— Lui même. C'est, comme vous le dites, un homme énergique, et un sabreur résolu, bien que, d'après ce que j'ai vu de son jeu, il soit faible dans les coups de pointe, et qu'il ait une préférence exagérée pour les coups de taille et n'attache pas assez d'importance à la pointe. En quoi il ne fait pas assez grand-cas de l'opinion et de l'enseignement des escrimeurs les plus remarquables de l'Europe. Bah! Bah! les gens diffèrent d'avis sur ce point comme sur bien d'autres.

Pourtant il me semble que j'aimerais mieux être emporté du terrain de combat, après m'être servi de mon arme *secundum artem* que de le quitter sans une égratignure après avoir enfreint les lois de l'escrime. Quarte, tierce, seconde, voilà ce que je dis, et au diablo vos estramaçons et vos passades.

— Mais il s'agit de Marot, dis-je avec impatience.

— Il est à bord, dit Saxon. Il paraît qu'il a été révolté, indigné des cruautés qu'on a fait souffrir aux paysans après la bataille de Bridgwater. Comme c'est un homme de caractère assez sombre, assez farouche, sa désapprobation s'est traduite par des actes plutôt que par des paroles.

On a trouvé çà et là dans la campagne, des soldats tués à coups de pistolets ou de poignard, sans que leur agresseur eût laissé aucune trace.

Il y en a eu une douzaine au moins de traités de la sorte, et l'on en est bientôt venu à se dire tout bas qu'Hector Marot, le brigand de grand chemin, était l'auteur de tout cela et on s'est mis avec ardeur à sa poursuite.

— Bon, et après ? demandais-je, car Saxon s'était interrompu pour allumer sa pipe au moyen de cette même vieille boîte de métal contenant un briquet dont il s'était servi lors de notre première rencontre.

Quand j'évoque en imagination Saxon, c'est presque toujours sous l'aspect qu'il avait en ce moment-là, alors que la lueur rouge éclairait sa figure dure, animée, au profil de faucon, et montrait mille petits plis et rides que le temps et le souci avaient gravés dans sa peau brune, hâlée.

Parfois, dans mes rêves, cette figure m'apparaissait sur un fond de ténèbres.

Ses yeux à-demi clos, si mobiles, si clignotants, sont tournés vers moi de cette façon un peu oblique qui lui était propre, si bien qu'enfin je me retrouve assis sur mon séant, et tendant la main dans l'espace vide, m'attendant presque à sentir autour d'elle une autre main maigre, nerveuse.

C'était, sous bien des rapports, un malhonnête homme, mes chers enfants, un homme roué, plein de ruse, qui n'avait guère de scrupules, guère de confiance, et pourtant la nature humaine est chose si étrange, et il nous est si difficile de maîtriser nos sentiments, que mon cœur s'échauffe quand je pense à lui et que cinquante années sont plutôt accru qu'affaibli la sympathie que j'ai pour lui.

— J'ai entendu dire, fit-il en envoyant lentement des bouffées de sa pipe, que Marot était bien l'homme de cette trempe, et qu'il était serré de si près qu'il courait le danger d'être pris.

En conséquence, je me mis à sa recherche, et je tins conseil avec lui.

Sa jument avait péri d'une balle perdue, et comme il avait beaucoup d'affection pour cette bête, cet événement le rendait plus farouche et plus dangereux que jamais. Il n'avait plus, disait-il, aucun goût pour son ancien métier.

En fait, il était mûr pour n'importe quoi.

C'est de cette manière-là qu'on fait les instruments utiles.

J'appris que dans sa jeunesse, il avait appris le métier de marin.

A ces mots, mon plan se dessina avec autant de rapidité qu'on tire un coup de pétrinal.

— Et ensuite? demandai-je, je ne vois pas encore clair.

— Pourtant, c'est assez évident pour vous maintenant. Le but de Marot était de fausser compagnie aux gens qui le poursuivaient et de rendre service aux exilés.

Pouvait-il rien faire de mieux pour réaliser ce projet que de s'engager comme matelot à bord de ce brick, la *Dorothée Fox*, et de quitter l'Angleterre avec lui.

Il n'y a que trente hommes d'équipage.

Au-dessous des écoutilles, ils sont près de deux cents, et si simples qu'ils puissent être, vous le savez aussi bien que moi, ils n'ont pas leurs pareils pour jouer de la pointe et du tranchant, mais il leur manque l'ordre et la discipline qui seraient nécessaires en pareil cas.

Marot n'a qu'à descendre au milieu d'eux, par une nuit noire, à les débarrasser de leurs entraves, à leur mettre en main quelques armes à feu, quelques gourdins.

Ho! Ho! Micah, qu'en dites-vous?

Les planteurs feront bien de cultiver leurs terres eux-mêmes, s'ils n'ont à compter en cette occurrence que sur les bras des campagnards de l'Ouest.

— En effet, c'est un plan bien conçu, dis-je. C'est malheureux, Saxon, qu'avec votre ingéniosité, votre esprit inventif, vous n'ayez pas un champ d'action honorable. Vous êtes, je le sais bien, aussi capable de commander des armées, d'organiser des campagnes qu'aucun de ceux qui jamais portèrent une épée.

— Regardez par là, dit tout bas Saxon, en me saisissant par le bras. Voyez-vous l'endroit que la lune éclaire, à côté de l'écoutille. N'apercevez-vous pas cet homme de petite taille, trapu, qui est debout, seul perdu dans ses pensées, la tête inclinée sur sa poitrine? C'est Marot.

Je vous l'affirme, si j'étais le capitaine Pogram, j'aimerais mieux avoir pour premier lieutenant, pour camarade de lit le diable en personne, cornes, sabots, et queue, plutôt que d'avoir cet homme, à bord de mon navire. Vous n'avez pas de sujet de vous tourmenter en ce qui regarde les prisonniers, Micah. Leur avenir est décidé.

— Alors, Saxon, répondis-je, il ne me reste plus qu'à vous remercier et à accepter ces moyens de salut que vous avez mis à ma portée.

— Voilà qui est parler en homme, dit-il. Y a-t-il encore autre chose que je puisse faire pour vous en Angleterre? Et pourtant, par la Messe, il pourrait bien se faire que je n'y reste pas bien longtemps, car, à ce que j'ai appris, on doit me confier le commandement d'une expédition qu'on prépare contre les Indiens qui ont ravagé les plantations de nos colons.

Ce sera une bonne affaire que d'obtenir un emploi profitable, car je n'ai jamais vu une guerre pareille, où l'on n'a pu ni se battre, ni piller. Je vous en donne ma parole, c'est à peine si j'ai eu quelque argent entre les mains depuis qu'elle a commencé. Quand il s'agirait de mettre Londres à sac, je ne voudrais pas la recommencer.

— Il y a une personne amie que Sir Gervas Jérôme a recommandée à mes soins, fis-je remarquer, mais j'ai déjà pourvu à ce qu'il désirait. Il ne me reste rien qu'à faire savoir à tous les gens de Havant qu'un Roi qui a prodigué le sang de ses sujets, comme l'a fait celui que nous avons, n'est pas destiné, selon toute vraisemblance, à posséder bien longtemps le trône d'Angleterre. Lorsqu'il tombera, je reviendrai, et plutôt peut-être qu'on ne le croit.

— Ce traitement infligé à l'Ouest a, en effet, fortement indisposé tout le pays, dit mon compagnon. De tous côtés j'entends dire que la haine contre le Roi et ses ministres est plus violente qu'avant l'explosion. Hé! capitaine Pogram, par ici! Nous avons arrangé l'affaire, et mon ami est prêt à partir.

— Je me disais bien qu'il demanderait à virer de bord, fit le capitaine, en s'avançant vers nous d'une allure chancelante qui prouvait que la

16.

bouteille de rhum lui avait tenu compagnie depuis notre sortie. Par ma foi, j'en étais sûr. Et pourtant, par la Messe, je ne m'étonne pas qu'il y ait regardé à deux fois avant de quitter la *Dorothée Fox*. Elle est aménagée pour une duchesse, par ma foi. Où est votre canot ?

— Bord à bord, dit Saxon. Mon ami se joint à moi, capitaine Pogram, pour espérer que vous ferez un agréable et utile voyage.

— Je lui en suis diablement obligé, dit le capitaine en agitant en tous sens son tricorne.

— Et aussi que vous arriverez sain et sauf aux Barbades.

— Il n'y a guère à en douter, dit le capitaine.

— Et que vous tirerez de vos marchandises assez bon parti pour recevoir la récompense de votre humanité.

— Ah ! voilà de belles paroles, s'écria le capitaine. Monsieur, je suis votre débiteur.

Une barque de pêche se tenait bord à bord du brick.

A la lueur fumeuse des lanternes de la poupe, je pus discerner des hommes sur son pont et la grande voile brune toute prête à être hissée.

J'enjambai le bordage et mis le pied sur l'échelle de corde qui descendait jusqu'à elle.

— Adieu, Decimus, dis-je.

— Adieu, mon garçon. Vous avez votre argent en lieu sûr ?

— Je l'ai.

— Alors, j'ai un autre présent à vous faire. Il m'a été remis par un sergent de la cavalerie royale. C'est sur lui que vous devrez compter désormais, Micah, pour vous nourrir, vous loger, vous habiller. C'est à lui qu'un homme brave doit toujours recourir pour vivre. C'est le couteau qui vous servira à ouvrir cette huître qu'est le monde. Regardez, mon garçon. C'est votre sabre.

— Mon vieux sabre ! L'épée de mon père ! m'écriai-je, au comble du ravissement, lorsque Saxon tira de dessous son manteau et me tendit le fourreau en cuir déteint, de vieux modèle, avec la lourde poignée de laitons que je connaissais si bien.

— Vous voici maintenant, dit-il, membre de l'antique et honorable corporation des soldats de fortune. Tant que le Turc rôdera en grognant devant les portes de Vienne, il y aura toujours de la besogne pour les bras vigoureux et les cœurs braves. Vous verrez que parmi ces guerriers errants, venus de tous les climats, de toutes les nations, le nom d'Anglais est estimé très haut. Je sais fort bien qu'il ne déchoira pas lorsque vous ferez partie de la confrérie. Je voudrais pouvoir partir avec vous, mais on me promet une solde et une situation auxquelles il serait fâcheux de renoncer. Adieu, mon garçon, et que la bonne fortune vous accompagne !

Je serrai la main calleuse du vieux soldat, et descendis dans la barque de pêche.

Le câble qui nous retenait fut retiré, la voile hissée, et la barque fila à travers la baie.

Elle allait de l'avant par une obscurité de plus en plus épaisse, obscurité aussi noire, aussi impénétrable que l'avenir vers lequel marchait la barque de ma vie.

Bientôt la force du soulèvement et de la retombée nous apprit que nous avions franchi l'entrée du port et que nous étions en plein canal.

A terre, des lumières clignotantes, apparaissant à de longs intervalles, marquaient la ligne de la côte.

Comme je me retournais pour regarder en arrière, un nuage, en se mouvant lentement, découvrit la lune, et je vis le dessin bien net des agrès du brick sur le disque d'un blanc froid.

Près de la voilure, était debout le vétéran, qui d'une main se tenait à un cordage, et agitait l'autre, en signe d'adieu et d'encouragement.

Un autre gros nuage masqua la lumière, et cette maigre et nerveuse figure, ce long bras tendu furent le dernier objet que je vis, avant une longue et triste période, du cher pays où j'étais né et avais été élevé.

X

Où tout prend fin.

Ainsi donc, mes chers enfants, me voici parvenu à la fin du récit d'un échec, — d'une aventure qui échoua bravement, noblement, mais qui n'en fut pas moins un échec.

Trois ans plus tard, l'Angleterre devait reprendre possession d'elle-même, rejeter les chaînes qui entravaient la liberté de ses membres, faire fuir Jacques et sa venimeuse couvée loin de ses rivages, tout comme je les fuyais alors.

Nous avions commis l'erreur d'être en avance sur notre temps.

Et pourtant il vint une époque où l'on se rappela avec sympathie les gars qui avaient combattu avec tant de vigueur dans l'Ouest, où leurs membres, recueillis dans bien des fossés et les solitudes où les avaient semés les bourreaux, furent rapportés au milieu du deuil silencieux d'une nation, dans les jolis cimetières champêtres où ils auraient voulu reposer.

Là, à portée du tintement de la cloche qui les avait, en leur enfance, appelés à la prière, sous le gazon où ils s'étaient promenés, à l'ombre de ces collines de Mendip et de Quantock qu'ils avaient tant aimées, ces braves cœurs dorment en paix dans le sein maternel.

Requiescant! Requiescant in pace!

Pas un mot de plus sur moi-même, chers enfants.

Ce récit est tout hérissé de *Je*. On dirait un Argus.

Cela, c'est un trait d'esprit, que vous ne comprendrez peut-être pas, je m'en doute.

J'ai entrepris de vous faire l'histoire de la guerre de l'Ouest, et cette histoire, vous venez de l'entendre.

Vous aurez beau me dorloter, me cajoler, vous n'en aurez pas un mot de plus.

Ah! je sais combien il est bavard, le vieillard, et que si vous pouviez seulement le mener jusqu'à Flessingue, il vous conduirait à travers les guerres de l'Empire, à la cour de Guillaume et à la seconde invasion de l'Ouest, qui eut une issue plus heureuse que la première.

Mais je ne ferai pas un pouce de plus.

Allez sur la pelouse, petits scélérats.

N'avez-vous rien autre à exercer que vos oreilles, pour aimer tant que cela à vous accroupir autour de la chaise de grand'père?

Si je dure jusqu'à l'hiver prochain et que le

rhumatisme me laisse tranquille, il pourra bien se faire que je rattache les fils brisés de mon récit.

Quant aux autres personnages, je ne puis dire que ce que je sais d'eux.

Certains disparurent entièrement de ma connaissance.

Sur certains autres, je n'ai entendu que des choses vagues et incomplètes.

Les meneurs de l'insurrection s'échappèrent bien plus aisément que ceux qui les avaient suivis, car ils s'aperçurent que la passion de l'avidité est plus forte encore que celle de la cruauté.

Grey, Buyse, Wade et d'autres se rachetèrent au prix de tout ce qu'ils possédaient.

Ferguson s'échappa.

Monmouth fut exécuté sur le tertre de la Tour, et du moins à ses derniers moments il montra cet entrain qui, de temps à autre, se faisait jour à travers sa faiblesse naturelle, comme la flamme qui jaillit par intermittences d'un feu près de s'éteindre.

Mon père et ma mère vécurent assez pour voir la Religion protestante reprendre son ancienne place et l'Angleterre se faire le champion de la foi réformée sur le Continent.

Trois ans plus tard, je les retrouvai à Havant, presque tels que je les avais quittés, à cela près qu'il y avait quelques fils d'argent de plus dans les tresses brunes de ma mère, que les larges épaules de mon père étaient un peu courbées, et son front sillonné par les rides du souci.

Ils firent, la main dans la main, le voyage de la vie, lui le Puritain, et elle disciple de l'Eglise, et je n'ai jamais désespéré de voir se guérir l'hostilité religieuse en Angleterre, après avoir reconnu combien il est aisé à deux personnes de garder la foi la plus énergique en leur propre croyance, tout en éprouvant l'affection et le respect le plus sincère pour celle qui professe un autre culte.

Il viendra peut-être un jour où Eglise et Chapelle seront entre elles comme un frère cadet et un frère aîné, travaillant ensemble au même but et chacun se réjouissant du succès de l'autre.

Que le désaccord entre elles se traduisent autrement que par la pique et le pistolet, par le tribunal et la prison, que ce soit la rivalité en vue d'une vie plus haute, à qui adoptera la manière de voir la plus large, à qui pourra s'enorgueillir de montrer les classes pauvres les plus heureuses et les mieux soignées.

Dès lors cette rivalité sera non plus une malédiction, mais un bienfait pour ce pays d'Angleterre.

Ruben Lockarby fut malade pendant bien des mois, mais lorsqu'enfin il fut rétabli, il se trouva amnistié grâce aux soins que se donna le Major Ogilvy.

Au bout d'un certain temps, quand l'agitation eût entièrement pris fin, il épousa la fille du Maire Timewell et il vit encore à Taunton en citoyen opulent, prospère.

Il y a trente ans que vint au monde un petit Micah Lockarby, et maintenant on m'apprend qu'il y en a un autre, fils du premier, et qui promet d'être un Tête-Ronde aussi déluré que pas un de ceux qui marchèrent au roulement du tambour.

Quant à Saxon, j'ai reçu plus d'une fois de ses nouvelles.

Il fit un si habile usage de la prise qu'il avait sur le Duc de Beaufort que, par la protection de celui-ci, il obtint le commandement d'une expédition envoyée pour châtier les sauvages de la Virginie, qui avaient commis de grandes cruautés sur les colons.

Car il lutta si bien d'embuscades contre leurs embuscades, joua de tels tours à leurs guerriers les plus rusés, qu'il a laissé un grand nom parmi eux et que son souvenir vit encore parmi eux, sous un sobriquet indien, qui signifie « l'homme matois aux longues jambes et aux yeux de rat ».

Après avoir repoussé les tribus fort loin dans le désert, il reçut comme récompense de ses services un territoire, sur lequel il s'établit.

Il s'y maria et passa le reste de ses jours à cultiver du tabac et à enseigner les principes de la guerre à une nombreuse lignée d'enfants dégingandés, longs comme des perches.

On m'apprend qu'une grande nation de gens d'une force étonnante et d'une stature extraordinaire promet de se former de l'autre côté de l'eau.

Si cela venait vraiment à se réaliser, il pourrait bien se faire que ces jeunes Saxons ou leurs enfants y contribuent.

Plaise à Dieu que leurs cœurs ne s'endurcissent jamais à l'égard de cette petite île de la mer, qui est, qui devra toujours être le berceau de leur race!

Salomon Sprent se maria et vécut de longues années aussi heureux que ses amis pouvaient le souhaiter.

Pendant mon séjour à l'étranger, je reçus une lettre de lui, où il m'apprenait que bien que son navire compagnon et lui fussent partis seuls pour la traversée du mariage, ils étaient maintenant escortés d'un petit canot et d'un bateau de passage.

Une nuit d'hiver où le sol était couvert de neige, il envoya chercher mon père, qui accourut chez lui.

Il trouva le vieux marin assis dans son lit, sa bouteille de rhum à portée de sa main, sa boîte à tabac près de lui, et une grande Bible jaunie en équilibre sur ses genoux ployés.

Il respirait péniblement et était dans des transes terribles.

— J'ai une planche défoncée et neuf pieds d'eau dans la cale. C'est venu plus vite que je ne puis me l'expliquer. A la vérité, ami, voilà bien des jours que je ne suis propre à tenir la mer, et il est temps que je sois condamné et mis au rebut.

Mon père hocha la tête avec tristesse, en remarquant la teinte sombre de son visage et sa respiration embarrassée.

— En quel état est votre âme? demanda-t-il.

— Ah! oui, dit Salomon, c'est là une cargaison que nous transportons sous nos écoutilles, sans être en état de la voir et nous n'avons pas donné de coup de main pour son arrimage. Je viens de repasser les ordres de mise à la voile que voici et les dix articles de guerre, mais je ne trouve pas, il me semble, que je me sois écarté de ma route au point de n'avoir pas à espérer de rentrer dans la passe.

— N'ayez pas confiance en vous-même, mais en Christ, dit mon père.

— C'est lui le pilote naturellement, répondit le vieux marin. Mais quand j'avais un pilote à bord, je ne manquais jamais selon mon habitude d'avoir l'œil au grain, voyez-vous, et c'est ce que je ferai à présent. Le pilote ne vous en estime pas moins pour cela. Aussi je vais jeter de mon côté ma ligne de sonde, bien qu'on me dise qu'il n'y a de fond nulle part dans l'Océan de la miséricorde de Dieu. Dites-moi, ami, pensez-vous que ce même corps, cette même carcasse que voici, ressuscitera un jour.

— C'est ce qu'on nous enseigne, répondit mon père.

— Je la reconnaîtrai n'importe où, aux tatouages, dit Salomon. Ils ont été faits quand j'étais avec Sir Christophe dans les Indes occidentales, et je serais fâché d'avoir à les perdre.

Quant à moi, voyez-vous, je n'ai jamais voulu de mal à personne, pas même à ces ventrus de Hollandais, bien que je me sois battu contre eux dans trois guerres, et qu'ils m'aient emporté un de mes espars, et qu'on le pende après eux!

Si j'ai fait entrer le grand jour dans quelques-uns d'entre eux, voyez-vous, c'était en bonne part et affaire de service.

J'ai bu ma part, ma bonne part, assez pour adoucir mon eau de cale, mais bien peu de gens m'ont vu en mauvais état dans les agrès d'en haut, ou refusant d'obéir à mon gouvernail.

Je n'ai jamais touché ma solde ou ma part de prise, sans que mon matelot fût bien accueilli à en demander la moitié.

Quant aux catins, moins on en parlera, mieux cela vaudra.

J'ai été un fidèle navire compagnon pour ma Phébé depuis qu'elle a jugé bon d'attendre mes signaux.

Voilà mes papiers, tous nets et sans rien de caché.

Si je suis mandé à l'arrière cette nuit même par le Suprême Lord grand amiral en chef, je ne crains pas qu'il me fasse mettre aux fers, car bien que je ne sois qu'un pauvre homme de marin, j'ai trouvé dans ce livre-ci une promesse, et je n'ai point peur que *Lui* ne la tienne pas.

Mon père passa quelques heures avec le vieillard et fit de son mieux pour le réconforter et l'aider, car il était évident qu'il baissait rapidement.

Lorsqu'enfin il le quitta, le laissant avec sa fidèle épouse près de lui, il saisit la main brune, mais amaigrie, qui gisait sur les couvertures.

— Je vous reverrai, dit-il,

— Oui, sous la latitude du ciel, répondit le marin agonisant.

Son pressentiment était juste, car aux premières heures du matin, sa femme se penchant sur lui, vit un beau sourire sur sa figure tannée, bronzée par les coups de mer.

Se soulevant sur son oreiller, il porta la main à une mèche de son front, selon l'usage des marins, puis il retomba lentement, paisiblement dans le long sommeil d'où l'on se réveille quand la nuit cesse d'exister.

Vous me demanderez sans doute ce qu'il advint d'Hector Marot et de l'étrange cargaison qui avait mis à la voile du port de Poole.

On n'entendit jamais parler d'eux, à moins qu'on applique à leur destinée un bruit qui fut répandu quelques mois plus tard par le Capitaine Elias Hopkins, du navire *La Caroline*, de Bristol.

Le Capitaine Hopkins rapporte que dans la traversée qui le ramenait de nos colonies, il rencontra une brume épaisse et eut le vent debout au voisinage des grands bancs de morue.

Une nuit, pendant qu'il faisait sa ronde, par un brouillard si dense, qu'il pouvait à peine voir la pomme de son propre mât, il éprouva une sensation des plus étranges, car comme lui et d'autres étaient debout sur le pont, ils entendirent, à leur grand étonnement, le bruit d'un grand nombre de voix, qui paraissaient former un chœur, bruit d'abord faible et certain, puis prenant bientôt une ampleur croissante, jusqu'à ce qu'il fût, à ce qu'il semblait, à la distance d'un jet de pierre.

Après quoi il diminua et s'éteignit lentement pour se perdre au loin.

Certains hommes de l'équipage mirent la chose sur le compte du Maudit, mais comme le Capitaine Elias Hopkins ne manquait pas de le faire remarquer, il était bien étrange que le Malin eût choisi des hymnes familiers de l'Ouest pour son exercice nocturne, et plus étrange encore que les habitants de l'abîme eussent, en chantant, une prononciation aussi pâteuse que celle du Comté de Somerset.

Quant à moi, je ne doute guère que ce ne fût

en effet la *Dorothée Fox* qui eût passé par là dans le brouillard, et que les prisonniers, ayant reconquis leur liberté, n'aient célébré leur délivrance à la façon de vrais Puritains.

Où furent-ils entraînés ?

Fut-ce sur la côte rocheuse du Labrador, ou bien trouvèrent-ils un asile dans quelque région désolée où la cruauté royale ne pouvait pas les poursuivre, voilà qui doit rester éternellement ignoré.

Zacharie Palmer vécut de longues années en vieillard vénérable et honoré, avant d'être appelé à son tour auprès de ses pères.

C'était un doux et simple philosophe de village que cet homme-là, et dans sa vieille poitrine il y avait un cœur d'enfant.

Rien qu'à penser à lui, il me vient comme un parfum de violettes, car si dans ma manière d'envisager la vie, et dans mes espérances d'avenir, je ne partage pas en tout point les doctrines dures et sombres de mon père, je sais que je le dois aux sages paroles et aux enseignements bienveillants du charpentier.

Si les actes sont tout, si les dogmes ne sont rien en ce monde, ainsi qu'il se plaisait à le dire, dès lors sa vie sans faute, exempte de blâme, pourrait servir de modèle à vous et à tous.

Puisse la poussière lui être légère!

Un mot au sujet d'un autre ami, le dernier

que je rappelle, mais non le moins apprécié.

Guillaume le hollandais occupait depuis dix ans le trône d'Angleterre, qu'on pouvait encore voir dans le champ voisin de la maison paternelle un grand cheval fortement charpenté, dont le pelage gris était tacheté de marques blanches.

Et, comme on l'a toujours remarqué, lorsque les soldats sortaient de Plymouth, ou que le son aigu de la trompette ou le roulement du tambour parvenait à son oreille, il arquait son cou fatigué par l'âge, agitait sa queue mêlée de gris, levait ses genoux raidis pour faire un temps de trot majestueux et pédantesque.

Les gens de la campagne s'arrêtaient volontiers à considérer les gambades du vieux cheval, et il est bien probable que l'un d'eux racontait aux autres que ce coursier-là avait porté à la guerre un des jeunes gens de leur propre village, et comment le cavalier avait dû fuir le pays, mais aussi comment un bon sergent des troupes royales avait ramené le cheval au père du jeune homme comme souvenir de lui.

Ce fut ainsi que Covenant passa ses dernières années, en vétéran des chevaux, bien nourri, bien soigné et fort enclin peut-être à conter en langage de cheval, à tous les pauvres sots bidets de la campagne, les merveilleuses aventures qu'il avait eues dans l'Ouest.

TABLE DES CHAPITRES

Chapitre Ier. — L'Affaire du Pont de Keynsham.... 1
Chapitre II. — La Bataille dans la Cathédrale de Wells........................ 26
Chapitre III. — Du grand cri qui part d'une maison isolée........................ 49
Chapitre IV. — L'escrimeur à la jaquette brune... 67
Chapitre V. — La fillette de la lande et la bulle d'eau qui monta à la surface de la fondrière.......................... 93
Chapitre VI. — La Bataille de Sedgemoor........ 125
Chapitre VII. — Ma périlleuse aventure au moulin.. 182
Chapitre VIII. — La venue de Salomon Sprent..... 209
Chapitre IX. — Le Diable en perruque et en robe.. 236
Chapitre X. — Où tout prend fin................ 285

Imprimerie Générale de Châtillon-sur-Seine. — A. Pichat.

www.ingramcontent.com/pod-product-compliance
Ingram Content Group UK Ltd.
Pitfield, Milton Keynes, MK11 3LW, UK
UKHW020107200726
13856UKWH00002B/422